Ute Rampillon

LERNEN LEICHTER MACHEN

DEUTSCH
ALS FREMDSPRACHE

Max Hueber Verlag

3. 2.	Die letzten Ziffern
1999 98	bezeichnen Zahl und Jahr des Druckes.

Alle Drucke dieser Auflage können, da unverändert,
nebeneinander benutzt werden.
1. Auflage
© 1995 Max Hueber Verlag, D-85737 Ismaning
Zeichnungen: ASKI-Team, München
Umschlaggestaltung: Atelier Langenfaß, Ismaning
Druck: Schoder, Gersthofen
Printed in Germany
ISBN 3–19–001574–0

Inhaltsverzeichnis

Einleitung

Techniken und Strategien zum Ausprobieren und Anwenden

Allgemeine Techniken und Strategien (Sekundärstrategien)

Selbstmotivation
Selbstorganisation
Selbstevaluation

Selbstmotivation
Selbstorganisation
Selbstevaluation

Fremdsprachliche Techniken und Strategien (Primärstrategien)

Wörterbucharbeit

Grammatik

Wortschatz

Auswendiglernen

Einleitung

1. Gedanken zum Fremdsprachenlernen Erwachsener

„Wenn sich der Erwachsene (...) – etwa aus beruflichen Notlagen wie Arbeitslosigkeit heraus – gezwungen sieht, wiederum zu lernen, das heißt sich belehren zu lassen, so erscheint ihm dies bevorzugt als ein „Die Schulbank-Drücken", also ein Rückfall in eigentlich längst überwundene Lebensphasen der Abhängigkeit und Unselbständigkeit."[1]

Diese Meinung läßt sich nicht nur für viele Menschen in Deutschland, sondern auch für manch andere Nation und Kultur unserer Welt vertreten. Es sind Haltungen, die Leiterinnen und Leiter von Deutschkursen von ihren Teilnehmerinnen und Teilnehmern nur allzu gut kennen. Gleichzeitig wissen sie aber auch, daß diese zu ihren Kursen die grundsätzliche Bereitschaft mitbringen, sich den Mühen des Deutschlernens zu unterziehen. Viele stoßen dabei auf Schwierigkeiten, die im Umgang mit dem eigenen Lernprozeß begründet sind: Sie haben das Lernen des Lernens niemals oder nur sporadisch gelernt. Selbständiges, selbstgesteuertes Lernen, das vom lernenden Subjekt ausgeht und nicht von be-lehrenden KursleiterInnen, hält erst heute ganz allmählich Einzug in unseren Unterricht, obwohl die Grundgedanken keineswegs neu sind und sich in besonderem Maße auf die Reformpädagogik zurückführen lassen. Selbständigkeit, Selbststeuerung, Autonomie sind heute übergeordnete Ziele eines erwachsenengemäßen Fremdsprachenunterrichts, der den KursteilnehmerInnen – und nicht mehr allein der Kursleiterin bzw. dem Kursleiter – die Verantwortung für das Gelingen des Lernprozesses überträgt.

Ein solcher Unterricht wird von der Grundbereitschaft des Kursleiters bzw. der Kursleiterin getragen, die Lernenden und den Lernprozeß loszulassen, sich selbst nicht mehr als allein Steuernde(n) und Entscheidende(n) zu sehen, die Lernenden in ihrem So-sein anzunehmen, auf ihre vorhandenen Qualifikationen zu bauen und Vertrauen in ihren Lernwillen und ihre unterschiedlichen Lernfähigkeiten zu setzen. Dies bedeutet eine Veränderung der Rollen von KursteilnehmerInnen und KursleiterInnen:

---

[1] Klaus Holzkamp: Lernen. Subjektwissenschaftliche Grundlegung, Campus, Frankfurt, New York 1993

KursteilnehmerInnen sind die Initiatoren ihres Lernens. Sie sind diejenigen, die grundsätzlich entscheiden, ob Lernen überhaupt in ihnen stattfinden soll, die dann auch zunehmend selbständig darüber entscheiden, was sie wozu, wann, wo und wie lernen möchten. KursleiterInnen sind dagegen eher Lernpartner, Ratgeber, Lernhelfer und Aufbereiter von Lernsituationen.

Bei derartigen Entscheidungen stehen zwar die Ergebnisse am Ende des Lernweges, die Prozesse auf diesem Weg sind aber mindestens gleichwertig. Es ist nicht allein die Menge der Vokabeln oder die Anzahl der grammatischen Strukturen, die erfolgreich Lernende kennzeichnen. Es ist eher die Fähigkeit der Lernenden, im Zusammenhang mit dem Deutschkurs, vor allem aber auch unabhängig davon, die individuellen Lernbedürfnisse zu erkennen und sich die gewünschten Kompetenzen möglichst selbständig anzueignen, sie zu vertiefen, zu üben oder zu kontrollieren.

Die Wege zum selbständigen Deutschlernen müssen für die KursteilnehmerInnen jedoch aufbereitet und sichtbar gemacht werden. Dazu kann es gehören, zunehmend Partner-, Gruppen- und auch Einzelarbeitsphasen in den Unterricht einzubauen, um vom Frontalunterricht als vorherrschender Sozialform abzugehen. Es sollte das Ziel sein, mehr Möglichkeiten zum individuellen und auch partnerschaftlichen Lernen zu geben.

Auch veränderte Methoden müssen im „neuen" Deutschunterricht ihren Platz finden, wenn er Möglichkeiten zur selbständigen Lernplanung, Lernrealisierung und Lernevaluation anbieten will. Formen des offeneren Unterrichtens sind in diesem Zusammenhang angesagt.

Schließlich sollte die Unterrichtsplanung mit den KursteilnehmerInnen abgesprochen werden. Das bietet die Chance, ihren Lernbedürfnissen entsprechen zu können und dadurch auch ihre innere Lernbereitschaft und die Annahme der Lernanforderung zu entfalten.

Alle oben genannten Aspekte werden den Lernenden transparent gemacht und in ihrer Funktion für das Lernen erläutert. Eine Grundlage für das selbständige Lernen und für das Erreichen des Zieles auf dem selbstgewählten Lernwege ist die Lernkompetenz der KursteilnehmerInnen. Diese soll im Mittelpunkt der vorliegenden Aufgabensammlung stehen. Alle Vorschläge zur Vermittlung von Lernstrategien und Lerntechniken sind darauf angelegt, diese Lernkompetenz der KursteilnehmerInnen im Deutschunterricht anzubahnen bzw. zu festigen.

2. Zum Anliegen dieses Buches

Die folgenden Vorschläge sollen ein Angebot sein, die Lernenden auf die vielfältigen Lernwege aufmerksam zu machen, sie für die eigenen Lernprozesse zu sensibilisieren, sie in manchen ihrer Lerngewohnheiten zu bestärken, aber andere auch kritisch zu hinterfragen. Durch das Erfahren und Erproben bisher zum Teil unbekannter Lerntechniken und Lernstrategien sollen sie ihr Lernen variieren, ihren individuellen Lernstil verbessern und ihre persönliche Lernkultur entwickeln.

Um sich besser in die Lernenden und ihre Lernsituation hineinversetzen zu können, möchte ich einleitend versuchen, den Leserinnen und Lesern dieses Bändchen vor dem Hintergrund des selbständigen Deutschlernens bewußt zu machen, mit wem sie es in ihren Kursen eigentlich zu tun haben, wer die Kursteilnehmerinnen und Kursteilnehmer sind, die von Unterrichtsstunde zu Unterrichtsstunde vor ihnen sitzen. Sodann werden Lerntechniken und Lernstrategien in ihrem Verständnis erläutert und ihre Funktion im Lernprozeß dargestellt.

Hinweise zum Aufbau und zur Progression der Aufgabensammlung sowie Anregungen zur Vermittlung von Lerntechniken und Lernstrategien und zur Bearbeitung der Arbeitsblätter im Hinblick auf die eigene Kurssituation sollen den Einsatz der Materialien im Unterricht erleichtern.

Da das selbständige Lernen selbst in der Ausbildung von Kursleitern bzw. Kursleiterinnen lange kein Thema war, werden bei der Arbeit mit diesem Buch keine spezifischen Kenntnisse aus den Bereichen der Metakognition, der Kognitionspsychologie, der Psycholinguistik und ähnlicher für das Thema relevanter wissenschaftlicher Disziplinen vorausgesetzt. Es wird bewußt auf umfassende theoretische Erörterungen verzichtet, da diese an anderer Stelle zur Verfügung stehen[2]. Nach dem Prinzip des *learning by doing* werden auch diejenigen Leser und Leserinnen in die Thematik eingeführt, die sich bisher mit Lerntechniken und Lernstrategien noch nicht befaßt haben.

---

[2] Vgl. die Auswahlbibliographie zum Thema in: Der Fremdsprachliche Unterricht, Heft 2, 1991, S. 9.

3. Orientierungen über das Fremdsprachenlernen

Einem Buch, das Wege zum selbständigen Lernen aufzeigt, steht es nicht gut zu Gesicht, in dozierender Weise seinen Leserinnen und Lesern in einer von außen bestimmten Weise fremdbestimmte Inhalte zu vermitteln. Sind es nicht gerade die Leserinnen und Leser dieses Buches selber, die interessiert daran sind, die eigene alltägliche Unterrichtspraxis zu verbessern, und die durch die ständige Konfrontation mit immer neuen Lernsituationen in ihren Kursen die wahren Experten sind? Daher möchte ich anregen, daß Sie, liebe Leserin, lieber Leser, den Einstieg in das Thema selbst gestalten.

Bitte überschlagen Sie jetzt nicht die folgende Aufgabe in der guten Absicht, so rascher zum „Wesentlichen" zu kommen. Wie das Lernen ihrer Kursteilnehmerinnen und Kursteilnehmer geschieht, was beim Lernen einer Fremdsprache kognitiv, affektiv, physiologisch, sozial und pragmatisch stattfindet, das alles können Sie sehr differenziert in sich selbst entdecken. Schließlich sind ja auch Sie selbst Lernende in einer Fremdsprache gewesen, haben aber vielleicht in der alltäglichen Routine und auch durch ihre bereits erworbene Fremdsprachenkompetenz die früheren Hürden beim Fremdsprachenlernen, manche Tricks und auch viele Ihrer Lerngewohnheiten vergessen. Versuchen Sie einmal, sich daran zu erinnern. Sie werden danach vielleicht manche Sorgen und Ängste, aber auch Freuden Ihrer KursteilnehmerInnen besser teilen können.

Nehmen Sie sich für die folgende Aufgabe viel Zeit und Ruhe. Lassen Sie – falls es sich so ergibt – auch ruhig Ihre Gedanken ein wenig abschweifen. Erinnern Sie sich an Ihr eigenes Lernen, und tragen Sie stichwortartig alles ein, was Ihnen in den Sinn kommt, wenn Sie sich folgende Frage stellen:

Welche Erfahrungen und Einflüsse waren für mein Fremdsprachen-lernen wichtig?

Lebensphasen	Bereiche			
	(meta-)kog-nitiver Bereich	sozialer Bereich	affektiver Bereich	sprachprak-tischer Bereich
Kindheit				
Schulzeit				
Studium				
Ausbildung				
Auslands-aufenthalt				
derzeitiger Lebensalltag				

Während des Bearbeitens sind sicher Bilder vor Ihnen entstanden, die wir nun ein wenig ordnen sollten.

Im **(meta-)kognitiven** Bereich haben Sie vielleicht Lerngegenstände und Lerninhalte mitgedacht. War es die Landeskunde, die Sie damals besonders interessiert hat? War es etwas anderes? Haben Sie sich daran erinnert, warum Sie vielleicht neugierig darauf waren, eine Fremdsprache zu lernen? Haben Sie eigene Ziele damit verbunden? Was wollten Sie für sich mit den (damals noch zu erwerbenden) Fremdsprachenkenntnissen erreichen? Hatten Sie nicht auch sehr rasch Ihre Tricks, um sich das Lernen zu erleichtern? Vieles davon nennen wir heute Lernstrategien.

Im **sozialen Bereich** gab es für Sie auch gewiß Personen, die Ihr Lernen in besonderer Weise beeinflußt haben. Vielleicht waren es MitschülerInnen, vielleicht auch LehrerInnen. Haben Sie im gemeinschaftlichen Lernen Teamarbeit und Partnerschaftlichkeit erleben und wertschätzen können? Was hat das für Ihre Lernerfolge bedeutet?

Im **affektiven Bereich** haben sich möglicherweise Ihre Einstellungen nicht nur zum Unterrichtsfach, sondern auch zu Fremdsprachen, zu Fremdem und zur Internationalität entwickelt. Auch Ihre Haltung zum Lernen generell wurde eventuell dadurch beeinflußt.

Im **sprachpraktischen Bereich** lernten Sie authentische Gespräche schätzen und erkannten ihre Bedeutung für erfolgreiches Fremdsprachenlernen. Sicher erfuhren Sie aber auch etwas von der „Sprachnot", als es anfangs an den notwendigen sprachlichen Mitteln mangelte. Vielleicht hatten sich auch bei Ihnen Ängste eingeschlichen, die in Ihrer Sorge begründet waren, sich durch „Sprachmangel" zu blamieren.

In dieser Reflexionsphase ist Ihnen vielleicht noch einmal deutlich geworden, wie komplex und heterogen die Einflüsse sind, die erfolgreiches Fremdsprachenlernen beeinträchtigen oder fördern können. Vergegenwärtigen Sie sich nun Ihre Gruppe, in der Sie derzeit Deutsch unterrichten. Vielleicht machen Ihre Kursteilnehmerinnen und Kursteilnehmer ähnliche Erfahrungen. Um das zu klären, könnten die folgenden Überlegungen zum Lernen Erwachsener nützlich sein.

4. Wer sind die Lernenden in der Erwachsenenbildung?

Wenn im folgenden einige Merkmale erwachsener Lerner und Lernerinnen zusammengestellt werden, so muß zur Vermeidung von Mißverständnissen gesagt werden, daß es sich dabei nicht um eine „Etikettierung" von Menschen handeln soll. Es wird wohl auch in keinem Deutschkurs einen Teilnehmer oder eine Teilnehmerin geben, der oder die alle Merkmale in sich vereinigt. Schließlich ist auch die Auswahl der Merkmale nicht auf Vollständigkeit bedacht, sondern eher auf Sensibilisierung für Lernbedürfnisse und Lernängste.
Den meisten KursleiterInnen wird vieles bekannt sein. Es soll hier wieder in Erinnerung gebracht werden, da es wichtig sein kann für das Verständnis von Teilnehmerorientierung und einer subjektwissenschaftlichen Grundlegung von Lernprozessen.

- Erwachsene LernerInnen sind durch ihr schulisches Lernen und das Lernen in ihrer Berufsausbildung in bestimmter Weise geprägt. Diese Prägung wirkt sich noch auf ihr heutiges Lernen aus.

- Aufgrund ihrer lebenslangen Lernerfahrungen haben erwachsene LernerInnen implizite Theorien, z.T. auch Vorurteile über ihr persönliches Lernen entwickelt. Dies kann zu Stigmatisierungen („Ich bin für Fremdsprachen nicht begabt!") und zu Lernblockaden führen.

- In ihrer beruflichen Tätigkeit haben viele LernerInnen gelernt, von Berufs wegen Entscheidungen zu treffen, Verantwortung zu übernehmen. Durch ihre Persönlichkeitsstruktur sind sie auf Selbststeuerung hin angelegt.

- Durch ihre sozialen Aufgaben auch außerhalb des Berufes, z.B. im gesellschaftlichen Leben oder in der Familie, haben sie sich an ein zielstrebiges und selbstbestimmtes Vorgehen gewöhnt. Dementsprechend erwarten sie auch in der Weiterbildung direkte Antworten auf ihre Fragen und Bedürfnisse.

- Erwachsene LernerInnen sind oft lernungewohnt oder sogar lernentwöhnt. Sie müssen erst wieder lernen, sich auf konzentriertes, kontinuierliches und anstrengendes geistiges Arbeiten einzulassen.

- Manche LernerInnen haben zuvor keine andere Fremdsprache gelernt. Sie müssen daher ganz neue, fremdsprachenspezifische Lernverfahren kennenlernen.

- Die Motive der LernerInnen, einen Deutschkurs zu belegen, sind sehr unterschiedlich. Einige der Gründe könnten die folgenden sein:
  - mit anderen zusammensein
  - eigene Kompetenzen ausbauen bzw. festigen
  - Leidensdruck abbauen
  - beruflichen Anforderungen entsprechen
  - Interessen an Fremdsprachen nachkommen
  - gebildet sein wollen
  - die eigene Lernfähigkeit testen
  - private Interessen, z.B. anstehende Reisen vorbereiten
  - sich selbst erfahren
  - Interessen anderer und die eigenen erkennen, verstehen, vertreten
  - geistige Herausforderungen annehmen

- Die Teilnahme am Deutschkurs geschieht in der Regel auf der Basis der Freiwilligkeit und auf der Grundlage eigener Entscheidungen. Dadurch kann das Verhältnis von Lehrenden und Lernenden eher in Richtung Partnerschaftlichkeit entwickelt werden.

- In jedem Deutschkurs befinden sich unterschiedliche Lernertypen. Die folgenden lassen sich voneinander unterscheiden:
  - der erfahrungsbezogene Lernertyp
  - der analytische Lernertyp
  - der handlungsorientierte Lernertyp
  - der kognitiv-abstrakte Lernertyp
  - der kommunikativ-kooperativ orientierte Lernertyp

Führt man sich die Komplexität der Einflüsse auf das Lernen wie auch die Unterschiedlichkeit der Lernenden vor Augen, wird rasch deutlich, daß ein Unterricht, der ausschließlich oder überwiegend im „frontalen Gleichschritt" stattfindet und fremdgesteuert ist, wohl kaum als teilnehmerorientiert und als erwachsenengemäß bezeichnet werden kann. Die Folgerungen für den Unterricht müssen darin bestehen, die Mitverantwortung für das Lernen auf die Lernenden zu übertragen, das Lernen in einer partnerschaftlichen Weise und in einem kommunikativ-kooperativen Prozeß stattfinden zu lassen und eine Veränderung der Lernverfahren, der Lerninhalte und der Lernziele vorzunehmen. Lerntechniken und Lernstrategien spielen dabei eine nicht unbedeutende Rolle.

5. Lerntechniken und Lernstrategien – ihre Bedeutung für erfolgreiches Deutschlernen

Was ist nun eigentlich genau mit Lerntechniken und Lernstrategien gemeint?

Wir verstehen unter **Lerntechniken** Verfahren, die von den Lernenden ausgehen und die von ihnen absichtlich und planvoll angewandt werden, um das fremdsprachliche Lernen vorzubereiten, zu steuern und zu kontrollieren. Ausschlaggebend dabei ist, daß die Initiative für die einzelnen Lernschritte von den Lernenden ausgeht. Sie entwickeln die innere Bereitschaft, die Lernanstrengung auf sich zu nehmen, die mit dem Deutschlernen verbunden ist. Die Motivation zum Lernen geht also nicht von fremdgesetzten Lernanforderungen aus, sondern von dem Lebens- und damit auch dem Lerninteresse der Lernenden. Ihre Lerngründe liegen dabei in der Erwartung einer höheren Lebensqualität und einer Erweiterung ihrer Handlungsmöglichkeiten.[3]

Dazu entwickeln sie einen Handlungsplan. Er umfaßt folgende Elemente:

reflektierte Auswahl
des Lerngegenstandes

↗ ↘

Kontrolle der
Lernergebnisse

Begrenzung des Umfangs
des Lernstoffes

↑ ↓

Bereitstellung von
Lernhilfen

Bestimmung des
zu erreichenden
Fertigkeitsgrades

↖ ↓

Auswahl von
Lerntechniken

Festlegung des Zeitpunktes
und des Zeitumfangs
für das Lernen

↖ ↙

Entscheidung
über den Lernort

_____
[3] Holzkamp: a.a.O., S. 190.

Da diese Entscheidungen auf der thematisch-inhaltlichen wie auch auf der operativen Ebene von den Lernenden selbst gefällt werden, sind optimale Lernvoraussetzungen zum Deutschlernen geschaffen.

Der bewußte und reflektierte Einsatz einer einzelnen Lerntechnik reicht jedoch in der Regel nicht aus. Sie muß verbunden werden mit anderen Techniken zum Erlernen des gleichen oder eines verwandten Lerninhaltes. Man entwickelt also Strategien des Lernens. Unter **Lernstrategien** wird somit eine Folge von Operationen verstanden, bei denen unterschiedliche Lerntechniken zusammenwirken, um das Lernen synergetisch zu fördern.[4]

Es ist daher notwendig, daß die Lernenden möglichst viele und verschiedenartige Eingangskanäle ansprechende Lerntechniken kennen, um sie zu einer Lernstrategie zu entwickeln und um so ihr eigenes Lernen selbstverantwortlich gestalten zu können.

Ausgewählte Lerntechniken im Überblick

Führen eines Grammatikheftes · Fehlerstatistik führen · Wörterbuch benutzen · Vokabelkartei führen · Visualisierungstechniken anwenden · Vokabeln lernen · Wortbedeutungen erschließen · in Grammatik nachschlagen · Ableiten von Grammatikregeln · Aussprache erschließen · Notizen anfertigen · überfliegendes Lesen · kombinierendes Hören · sinnerschließendes Lesen · Auswendiglernen · abschreiben · Gliederungen anfertigen

4 Vgl. dazu Ute Rampillon: Fremdsprachen lernen – gewußt wie, in: Der Fremdsprachliche Unterricht, Heft 2, 1991, S. 2-8.

6. Zum praktischen Einsatz der Aufgabensammlung

Der Aufbau

Die Aufgabensammlung ist nach sprachlichen Teilkompetenzen geordnet, um die Integration in die unterrichtliche Arbeit zu erleichtern (vgl. Inhaltsverzeichnis). So findet man z.B. Arbeitsblätter zu Lerntechniken für das Lesen deutscher Texte beisammen (Nr. 43–47), oder auch solche zur Wortschatzarbeit (Nr. 30–39), zur Grammatik (Nr. 24–29).
Diesen sind Arbeitsblätter zu den sogenannten Sekundärstrategien vorgeschaltet, die sich um die Selbstmotivation, die Selbstorganisation oder die Selbstevaluation drehen (Nr. 1–18). Abgerundet wird die Aufgabensammlung durch Vorschläge zur Vermittlung von Kommunikationsstrategien (Nr. 66–67). Sie sind zwar keine Lerntechniken im beschriebenen Sinne, bewegen sich jedoch wie diese auf der Metaebene des Spracherwerbs und können bei der Anwendung der Sprache eine nützliche Ergänzung darstellen.[5]

Dieser Aufbau macht bereits deutlich, daß es nicht um ein „Durcharbeiten" der Aufgabensammlung mit den Lernenden gehen kann, sondern eher um eine gezielte und systematische Auswahl, die sich an der Situation der Lernenden wie auch an dem eingeführten Lehrwerk orientiert.

Darüber hinaus ist anzumerken, daß Aufgaben zu den verschiedenen Teilkompetenzen oft sehr gut miteinander verzahnt werden können. So ergänzen sich z.B. die Arbeitsblätter zum Lernen mit einem Rekorder sehr gut mit jenen zum Hörverstehen bzw. zum Leseverstehen.
Eine solche Verzahnung läßt sich z. B. an der Technik „Notizen anfertigen" wie folgt darstellen:

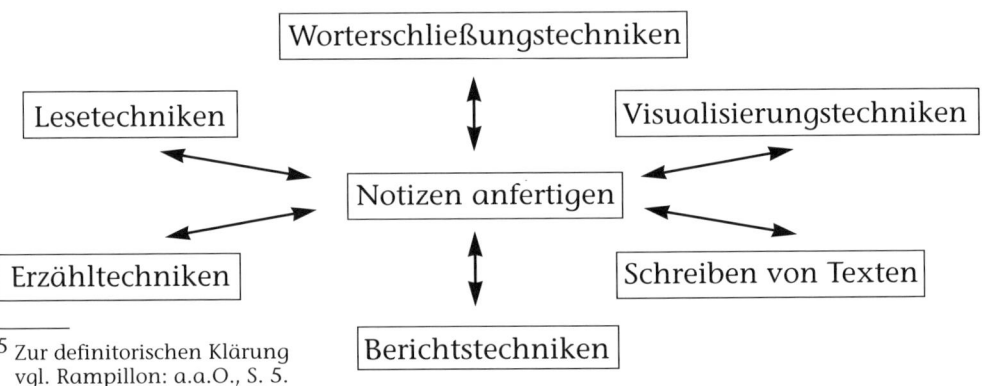

---
5 Zur definitorischen Klärung
vgl. Rampillon: a.a.O., S. 5.

16

Entsprechende Querverweise helfen, die Arbeit im Kurs weiterzuführen. Sie sind auch deswegen recht nützlich, weil vom zeitlichen Aufwand her in der Regel mehrere Arbeitsblätter an einem Kurstag bearbeitet werden können.

Zur Progression von Lerntechniken

Bei der Auswahl der zu vermittelnden Lerntechniken sollte man schrittweise vorgehen und zunächst mit der Behandlung derjenigen beginnen, die relativ leicht verständlich und konkret sind. Dazu zählen z.B. die meisten Techniken zum Vokabellernen, die Visualisierungstechniken, die Lerntechniken zum Umgang mit Lernhilfen. Bei den Fertigkeiten ist zu empfehlen, Techniken zum Leseverstehen erst nach denen zur Wortschatzarbeit zu behandeln. Sie selbst sind dann wiederum Voraussetzung für Lerntechniken zum Hörverstehen. Entsprechendes gilt auch für die Lerntechniken zum Schreiben, die denen zum Sprechen vorgeschaltet werden sollten.

Anregungen zur Vermittlung von Lerntechniken und Lernstrategien[6]

- Behandeln Sie Lernstrategien und Lerntechniken mit System.
- Beschränken Sie sich nicht auf Lerntechniken zu Wortschatz und Grammatik, sondern berücksichtigen Sie auch Lerntechniken zu den Fertigkeiten.
- Vermitteln Sie Lerntechniken und Lernstrategien integrativ, d.h. thematisieren Sie sie im Unterricht, sobald es sich von den übrigen Lerninhalten her anbietet.
- Vermitteln Sie Lerntechniken und Lernstrategien von Anfang an kontinuierlich bis zum Ende eines Kurses.
- Bauen Sie in Ihren Unterricht Lernzeiten ein, in denen Lerntechniken angewandt und geübt werden können.
- Geben Sie Ihren KursteilnehmerInnen Erinnerungshilfen für die Anwendung von Lerntechniken und Lernstrategien durch Übersichtstafeln, Merkblätter etc.
- Seien Sie Vorbild und zeigen Sie im Unterricht, wie Sie selbst Lerntechniken und Lernstrategien anwenden.
- Geben Sie den KursteilnehmerInnen Gelegenheit, sich über ihre individuellen Lernweisen auszutauschen.

---

[6] Rampillon: a.a.O.

7. Hinweise zur Unterrichtsvorbereitung

Da sich dieses Buch zum Lernen des Lernens von DaF an die verschiedensten Nationen wendet, in denen z. B. durch die jeweilige Muttersprache, die jeweiligen Lernkulturen oder die jeweiligen Schulsysteme oft sehr unterschiedliche Lernvoraussetzungen gegeben sind, ist es schwierig – ja, beinahe unmöglich –, den Anspruch der Arbeitsblätter auf ein bestimmtes sprachliches Niveau auszurichten, das allen Lernenden gerecht würde. Gleichzeitig besteht auch die Notwendigkeit, Lerntechniken und Lernstrategien möglichst von Anfang an zu vermitteln – also auch bei Lernenden mit geringen Deutschkenntnissen – bis hin in den Unterricht mit Fortgeschrittenen.

Daraus ergibt sich für die Kursleiterin bzw. den Kursleiter die Aufgabe, die vorliegenden Arbeitsblätter an das sprachliche Können ihrer KursteilnehmerInnen anzupassen. Bei Anfängern mit gleicher Muttersprache (Kurse im Ausland) kann dies auf dem Wege der Übersetzung geschehen. Auch können von Fall zu Fall nur Teile der Arbeitsblätter vorgelegt werden, wobei der Bearbeitung eine Phase der sprachlichen Klärung vorgeschaltet werden sollte. Bei Anfängern in multinationalen Klassen wird der Kursleiter bzw. die Kursleiterin nicht umhinkommen, die Arbeitsblätter sprachlich zu überarbeiten und so zu vereinfachen, daß sie für die Lernenden verständlich sind.

Vielleicht haben Sie als Leser oder Leserin dieses Buches auch das Glück, Fortgeschrittene zu unterrichten. Dann reicht sicherlich die Klärung einzelner Schlüsselwörter aus. In diesen Fällen sollten Sie aber auch die Überlegung anstellen, wieviel Sie den KursteilnehmerInnen an Informationen liefern wollen und wieviel diese auch selbst herausarbeiten sollten. Im Sinne des selbstgesteuerten Lernens kann es nicht mehr die Norm sein, daß alle unbekannten Wörter eines Textes angegeben werden. Schließlich gibt es ja Techniken und Strategien zum Erschließen von Wortbedeutungen ...!

Für die gemeinsame Arbeit mit Ihren Kursteilnehmerinnen und Kursteilnehmern wünsche ich viel Freude und Erfolg.

Ute Rampillon

Techniken und Strategien zum Ausprobieren und Anwenden

Allgemeine Techniken und Strategien (Sekundärstrategien)

Deutsch lernen? – Ja, bitte!

Warum ich Deutsch lernen möchte:

❑   Ich möchte in Deutschland Urlaub machen und mich dort verständigen können.

❑   Ich möchte in Deutschland arbeiten.

❑   Viele meiner Freunde und Bekannten sind Deutsche. Ich möchte mich mit ihnen unterhalten können.

❑   Ich möchte deutsche Literatur verstehen können.

❑   Für meinen Beruf muß ich deutsche Bücher und Fachzeitschriften lesen können.

❑   Ich finde die deutsche Sprache schön.

❑   Ich möchte das deutsche Rundfunk- und Fernsehprogramm verstehen können.

❑   Ich möchte eine Weltsprache sprechen können.

❑   . . .

Tips für die Praxis im Kurs

✘   Einsatz im Anfangsunterricht: Das Arbeitsblatt sollte vom Kursleiter bzw. von der Kursleiterin in die Ausgangssprache übersetzt werden.

✘   Die KursteilnehmerInnen bearbeiten das Arbeitsblatt in Einzelarbeit.

✘   Ein Gedankenaustausch im Plenum schließt sich an, bei dem die verschiedenen Interessen dargestellt werden.

✘   Die individuellen Antworten ermöglichen es, Schwerpunkte beim Lernen zu setzen. Die Antworten auf die Frage: „Was muß ich dazu besonders gut beherrschen?" leiten über zu Arbeitsblatt Nr. 2.

2   Schwerpunkte auswählen

im Freundeskreis plaudern
mich im Beruf verständigen
jemanden anleiten, anweisen
an Konferenzen, Besprechungen teilnehmen
mich informell mit 2-5 Personen unterhalten
telefonieren
Vorträge, Berichte verstehen
Instruktionen, Anweisungen verstehen
Fernseh- und Rundfunkprogramme verstehen
Gebrauchsanweisungen/Arbeitsanleitungen lesen
Magazine, Illustrierte, Zeitungen lesen
Fachbücher/-zeitschriften lesen
deutsche Literatur lesen
Notizen anfertigen
Telegramme, Faxe schreiben
Berichte, Protokolle schreiben
Geschäftsbriefe schreiben, private Briefe schreiben

| **Sprechen** |
| **Schreiben** |
| **Lesen** |
| **Hören** |

Tips für die Praxis im Kurs

✗   Der Kursleiter bzw. die Kursleiterin nennt die vier Fertigkeiten als wichtige Grundelemente für das Deutschlernen (Anschrieb an Tafel oder auf Overheadfolie wie oben).

✗   Die KursteilnehmerInnen nennen Gelegenheiten, bei denen sie diese Fertigkeiten benötigen (Eintrag an der Tafel bzw. auf der Folie)!

✗   Anschließend lesen die TeilnehmerInnen das Arbeitsblatt (eventuell vom Kursleiter bzw. der Kursleiterin in die Ausgangssprache übersetzt) und ergänzen die eigenen Situationen.

✗   Nun ziehen die TeilnehmerInnen individuell Verbindungslinien von der jeweiligen Fertigkeit zu den verschiedenen Situationen. Die Menge der Linien verdeutlicht, ob und wo sie Schwerpunkte setzen können.

✗   Die Ergebnisse werden in Kleingruppen (ca. 4 - 6 Personen) oder im Plenum verglichen.

✗   Das Arbeitsblatt Nr. 3 „Die Lernblume" kann sich anschließen.

3 Die Lernblume

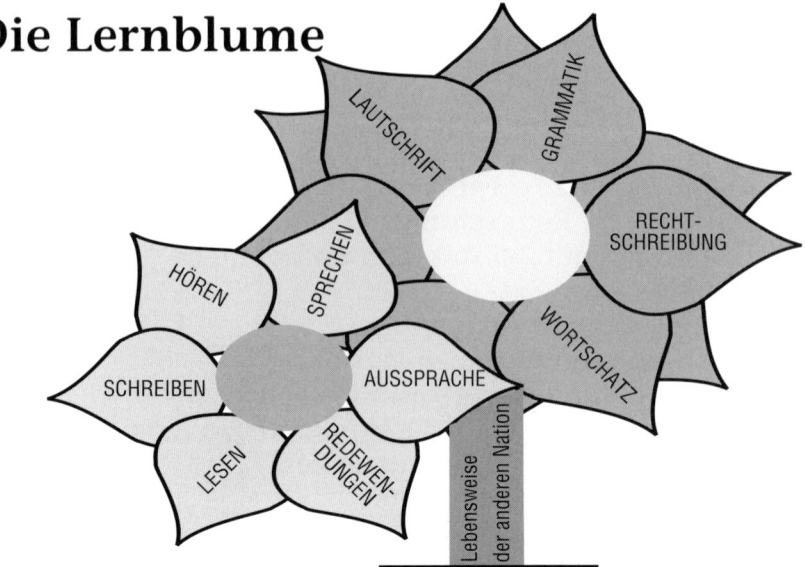

Tips für die Praxis im Kurs

✗ Als Weiterführung zu Arbeitsblatt
Nr. 2 sammeln die KursteilnehmerInnen mit Hilfe der Lernblume die einzelnen Kenntnisbereiche (Anschrieb an Tafel oder auf Overheadfolie).

✗ Die KursteilnehmerInnen diskutieren die Bedeutung der Kenntnisbereiche für das Deutschlernen. Je nach den Lerngewohnheiten muß der Kursleiter bzw. die Kursleiterin hier ggf. relativierend eingreifen: pragmatisches Sprachkönnen geht über linguistisches Sprachwissen!

✗ Abschließend kann das folgende Tafelbild gemeinsam erarbeitet werden:

Was Sie lernen sollten:	4 Fertigkeiten (Hören, Lesen, Sprechen, Schreiben)
	6 Kenntnisbereiche (Wortschatz, Lautschrift, Rechtschreibung, Grammatik, Aussprache, Redewendungen)
Was Sie erkennen und erkunden sollten:	unterschiedliche Lebensweisen im Heimatland und in Deutschland
	unterschiedliche Verhaltensweisen, Ausdrucksweisen etc.
Was Sie anwenden sollten:	Lerntechniken und Lernstrategien, Eselsbrücken, Lernhilfen etc.

4 Fünf Säulen zum Deutschlernen

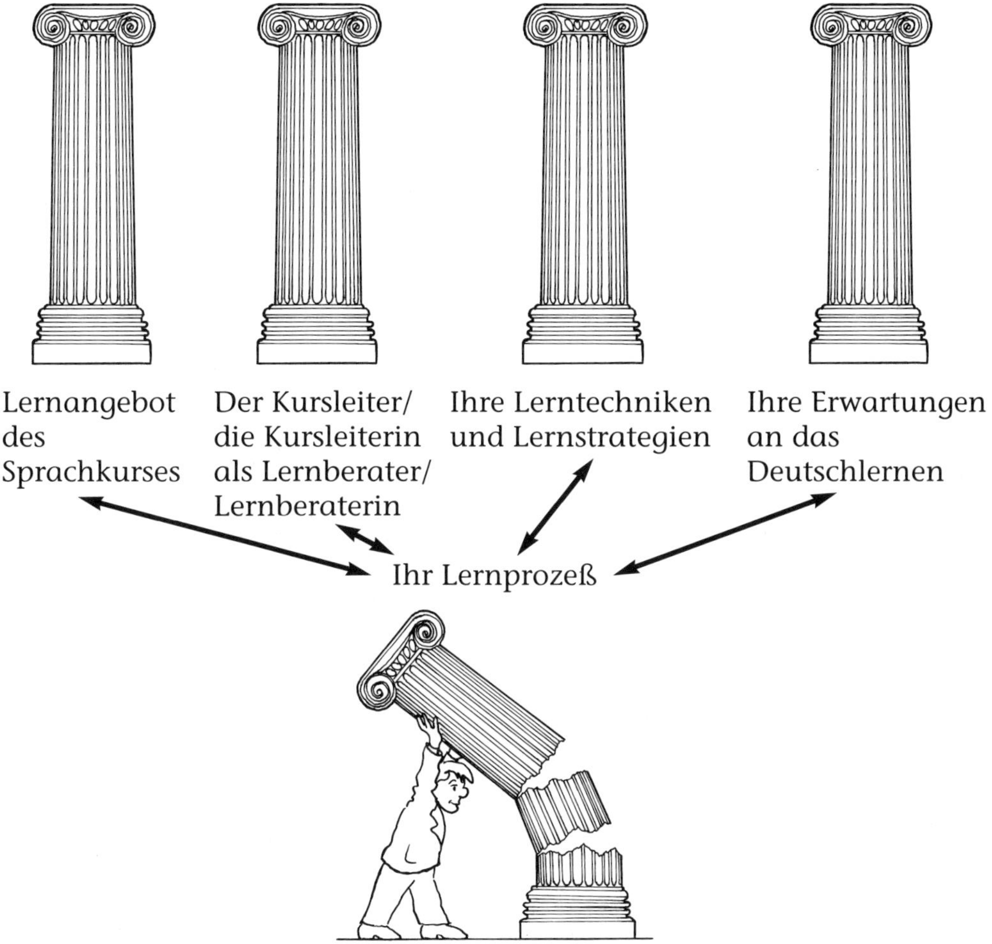

Lernangebot des Sprachkurses

Der Kursleiter/ die Kursleiterin als Lernberater/ Lernberaterin

Ihre Lerntechniken und Lernstrategien

Ihre Erwartungen an das Deutschlernen

Ihr Lernprozeß

Wenn Ihr Lernprozeß erfolgreich sein soll, dann geben Sie den anderen vier Säulen den richtigen Stellenwert.

Der Sprachkurs und das Lehrwerk
* bieten den wichtigsten Stoff zum Deutschlernen;
* dienen als Leitfaden zum Lernen von neuem, zum Üben und Wiederholen;
* sind nur eines von anderen Hilfsmitteln zum Deutschlernen.

Der Kursleiter/die Kursleiterin
- bereitet die Lernprozesse im Sprachkurs vor;
- ist Partner in den Lern- und Anwendungsphasen im Kurs;
- ist Berater für die Lernphasen vor und nach den Kurszeiten.

Ihre Lerntechniken und Lernstrategien
- steuern und stützen Ihr persönliches Lernen;
- erleichtern das Deutschlernen;
- machen Ihr Lernen nachhaltig wirksam.

Ihre Erwartungen und Einstellungen zum Deutschlernen
- sollten nicht zu hoch angesiedelt sein, sondern lieber kleine Schritte vorsehen;
- sollten optimistisch positiv sein, auch wenn es manchmal schwerfällt!

Tips für die Praxis im Kurs

Ziel dieses Arbeitsblattes ist es, die Einsicht zu vermitteln, daß erfolgreiches Lernen nicht allein vom Kursleiter bzw. von der Kursleiterin abhängt, sondern von dem aktiven Lernprozeß der KursteilnehmerInnen im Zusammenspiel mit den verschiedenen Komponenten.

✗ Der Kursleiter bzw. die Kursleiterin sammelt die Gedanken der KursteilnehmerInnen zum erfolgreichen Deutschlernen (Anschrieb an Tafel oder auf Overheadfolie, analog zu den Säulen der Abbildung).

✗ Anhand der Abbildung erarbeitet der Kursleiter bzw. die Kursleiterin im Gespräch mit den KursteilnehmerInnen, daß und in welcher Weise das Zusammenspiel der fünf Bereiche wichtig ist.

✗ Abschließend lesen die KursteilnehmerInnen die Übersicht über die verschiedenen Funktionen (im Anfangsunterricht hat der Lehrer das Arbeitsblatt in die Ausgangssprache übersetzt) und tauschen ihre Meinung zu diesen Aussagen in Kleingruppen oder im Plenum aus.

5 Zu Hause selbst Deutsch lernen? Ja, aber wie? Und was?

Stellen Sie sich bitte folgende Fragen, und versuchen Sie, eine Antwort darauf zu finden.

> **Was** kann ich zu Hause lernen?
> ...

vgl. Arbeitsblatt Nr. 4, Fünf Säulen zum Deutschlernen
                 Nr. 16, Gelerntes überprüfen

> **Wann** sollte ich zu Hause lernen?
> ...

vgl. Arbeitsblatt Nr. 11, Mein Lernplan

> **Wie** lerne ich zu Hause am wirksamsten?
> ...

vgl. Arbeitsblatt Nr. 15, Deutsch lernen macht Spaß

> **Wo** kann ich zu Hause am besten lernen?
>
> ...

vgl. Arbeitsblatt   Nr. 14, Vielfalt der Lernorte
                    Nr. 13, Meine Lernecke

> **Wer** kann mir beim Lernen helfen?
>
> ...

vgl. Arbeitsblatt Nr. 6, Lernpartner

Tips für die Praxis im Kurs

✗ Der Kursleiter bzw. die Kursleiterin erläutert im Gespräch mit den KursteilnehmerInnen die Bedeutung von häuslichem Lernen als wesentliche
   Ergänzung zum Lernen im Kurs. Dabei kommt es u.a.
   auf die Eigeninitiative der KursteilnehmerInnen an,
   auf die Regelmäßigkeit des Lernens,
   auf die Selbständigkeit des Lernens,
   auf das Durchhaltevermögen der KursteilnehmerInnen.

✗ Die KursteilnehmerInnen sammeln (zuerst in Einzelarbeit, dann evtl. in
   Kleingruppen) anhand des Arbeitsblatts ihre Ideen zu den einzelnen Fragen, tauschen ihre Meinungen und Erfahrungen untereinander aus.

✗ Sie berichten im Plenum über ihre Ergebnisse, die von den anderen Gruppen oder vom Kursleiter bzw. der Kursleiterin kommentiert und evtl.
   ergänzt werden.

✗ Die anderen Arbeitsblätter, auf die hier verwiesen wird, können anschließend bearbeitet werden.

6 Lernpartner

Zur Kommunikation gehören bekanntlich mindestens zwei. Beim Deutschlernen sollten Sie daher möglichst oft mit anderen zusammenarbeiten.

1. Prüfen Sie bitte, wer in Ihrer Familie, in Ihrem Freundeskreis oder im Deutschkurs Ihr Lernpartner oder Ihre Lernpartnerin sein könnte.

   Personen, die ich ansprechen möchte:
   * Familie/Freunde
     ...

   * TeilnehmerInnen im Deutschkurs:
     ...

   Machen Sie einen Plan, was Sie als nächstes zu Hause lernen möchten. Sprechen Sie diese Person(en) doch einfach einmal an. Vielleicht laden Sie sie zu sich nach Hause ein und arbeiten gegemeinsam?

2. Ein ganz wichtiger „Lernpartner" ist natürlich Ihr Kursleiter bzw. Ihre Kursleiterin. Er/Sie kann im Kurs Lernmaterialien bereitstellen, Erläuterungen geben, Kontrollen durchführen etc. Er/Sie kann Ihnen auch nützliche Lernwege aufzeigen und Sie beraten. Aber: Lernen müssen Sie schon alleine!

   Was ich meinen Kursleiter bzw. meine Kursleiterin (immer schon) zum Deutschlernen fragen wollte:
   ...

   Stellen Sie diese Frage(n) möglichst vor oder nach der nächsten Unterrichtsstunde.

3. Lernpartner finden sich auch an anderen Lernorten:
   ❑ in einer Buchhandlung
   ❑ in einer öffentlichen Bibliothek
   ❑ im Goethe-Institut
   ❑ in der Volkshochschule
   Kreuzen Sie bitte an, was in Ihrer Nähe ist.

Denken Sie nun einmal an die öffentliche Bibliothek, die in Ihrer Nähe ist. Was bietet sie zum Deutschlernen an?

- Gibt es eine Abteilung für deutschsprachige Schriften? Wo befindet sie sich in der Bibliothek?
  ...

- Zu welchen Themen findet man Bücher in deutscher Sprache?
  ...

- Gibt es Video- und Tonkassetten zum Deutschlernen? Kann man sie ausleihen?
  ...

- Gibt es deutsche Tages- und Wochenzeitungen, Illustrierte, Magazine? Welche?
  ...

- Wie sind die Ausleihbedingungen (Kosten, Leihdauer, Öffnungszeiten etc.)?
  ...

- Gibt es viele andere DeutschlernerInnen, die die Bibliothek besuchen?
  ...

- Finden in der Bibliothek ab und zu auch Autorenlesungen und ähnliche Veranstaltungen in deutscher Sprache statt?
  ...

- Sonstige Beobachtungen:
  ...

Tips für die Praxis im Kurs

✗ Im Anfangsunterricht: Das Arbeitsblatt soll vom Kursleiter bzw. der Kursleiterin in die Ausgangssprache übersetzt werden.

✗ Die KursteilnehmerInnen bearbeiten die drei Teile dieser Lerneinheit zuerst in Einzelarbeit.

✗ Dann tauschen sie in Kleingruppen ihre Ergebnisse aus. Offene Fragen werden anschließend im Plenum mit dem Kursleiter bzw. der Kursleiterin besprochen.

7 Bogen zur Selbsteinschätzung

Lesen Sie bitte die folgenden Meinungen zum Deutschlernen. Kreuzen Sie an, was auf Sie zutrifft.

1. ❑ Ich weiß, daß es nicht leicht ist, Deutsch zu lernen. Ich bin aber bereit, mich auf diese Lernanstrengung einzulassen.

2. ❑ Ich habe in meinem Leben schon so vieles gelernt. Es gibt also keinen Grund, warum ich die deutsche Sprache nicht lernen könnte.

3. ❑ Ich weiß durch den Erwerb anderer Fremdsprachen, wie ich am besten lernen kann. Davon werde ich auch beim Deutschlernen profitieren.

4. ❑ Ich bin sicher, daß ich erfolgreich Deutsch lernen werde, wenn ich zielstrebig und aktiv auf die Lernaufgaben zugehe.

5. ❑ Mir macht das Lernen Spaß, weil ich schrittweise kleine Erfolge verzeichnen kann.

6. ❑ Im Fremdsprachenunterricht in meiner Schulzeit habe ich nicht viele positive Erfahrungen gemacht. Ich fürchte, beim Deutschlernen wird es ähnlich sein.

7. ❑ Das Gefühl, etwas nicht ausdrücken zu können, was man sagen möchte, macht mich recht mutlos und nimmt mir die Freude am Deutschlernen.

8. ❑ Wenn ich es nicht schaffe, Deutsch zu lernen, blamiere ich mich fürchterlich vor den anderen.

9. ❑ Ich habe häufig Hemmungen zu sprechen, weil ich fürchte, Fehler zu machen.

10. ❑ Ich bin zum Fremdsprachenlernen ungeeignet, da ich einfach nichts behalten kann.

Wählen Sie nun die vier der angekreuzten Aussagen aus, die für Sie am wichtigsten sind. Notieren Sie sie in einer Rangreihenfolge; beginnen Sie mit der wichtigsten Aussage:

Nr. _____   _____   _____   _____

Auswertung

Nr. 1-5 Sie bringen eine positive Einstellung zum Deutschlernen mit. Das ist die beste Voraussetzung zum Erfolg! Bleiben Sie bei dieser Haltung.

Nr. 6 Nehmen Sie Ihr Lernen doch auch selbst in die Hand! Verlassen Sie sich nicht allein auf den Unterricht. Üben und wiederholen Sie zusätzlich, so oft es geht. Überprüfen und registrieren Sie Ihre Lernerfolge. Auch kleine Schritte zählen dazu.

Nr. 7 Eine Fremdsprache lernt man nicht von heute auf morgen. Überlegen Sie einmal, wie viele Jahre Sie für die Beherrschung Ihrer Muttersprache benötigt haben! Ihr Deutschkurs alleine reicht nicht aus. Helfen Sie selbst mit.

Nr. 8 Jeder hat einmal angefangen, und der eine lernt schneller als der andere. Den perfekten Deutschlerner und Deutschsprecher gibt es kaum. Jeder ist also ein Lernender – wenn er sich dazu überhaupt bereit findet.

Nr. 9 Glücklicherweise gibt es Fehler! An ihnen können Sie ablesen, woran Sie besonders arbeiten müssen. Nutzen Sie diese Chance!

Nr. 10 Nutzen Sie die vielfältigen Strategien, das Gedächtnis zu entlasten. Sie werden sehen, es geht dann erheblich leichter.

Tips für die Praxis im Kurs

Dieses Arbeitsblatt hilft den KursteilnehmerInnen, sich über ihre persönliche Lernhaltung Gedanken zu machen und die Gründe für evtl. Lernschwierigkeiten zu erkennen. Deshalb wird es von ihnen einzeln bearbeitet. Gruppen- und Partnerarbeit sollte nur dann geschehen, wenn sich die TeilnehmerInnen untereinander sehr gut kennen und vertrauen.

✗ Das Arbeitsblatt wird gegebenenfalls vom Kursleiter bzw. der Kursleiterin in die Ausgangssprache übersetzt.

✗ Die KursteilnehmerInnen lesen die Aussagen und kreuzen diejenigen an, die für sie relevant sind.

✗ Danach erhalten sie die Auswertung und können daraus Konsequenzen für ihr weiteres Lernen entwickeln.

8 Der „gute Fremdsprachenlerner"

Dieses Arbeitsblatt bearbeiten Sie bitte in einer kleinen Gruppe. Für die Arbeit benötigt Ihre Gruppe ca. 20 Zettel, ungefähr im Format DIN A 6 (Postkartenformat), Klebstoff, blaue, schwarze, grüne und rote Stifte, einen großen Bogen Packpapier oder Tapete, Krepp-Klebeband.

Aufgaben

1. Heften Sie das Plakat im Hochformat so an eine Wand, daß alle Zutritt haben.

2. Ein Mitglied der Gruppe zeichnet eine Figur auf das Plakat.

3. Jedes Gruppenmitglied notiert nun individuell auf die Zettel alle Ideen (je ein Stichwort pro Zettel), die ihm zu einem guten Fremdsprachenlerner einfallen.

4. Sobald alle mit dem Notieren fertig sind, werden die Stichworte abwechselnd vorgelesen und auf das Plakat um die Figur geheftet. Das geht solange reihum, bis niemand mehr eine neue Idee hat.

5. In der nächsten Runde werden die Stichworte erläutert und diskutiert. Dabei können sie durch Umhängen einander zugeordnet werden.

6. Zum Abschluß notieren sich alle diejenigen Ideen, die sie für sich selbst als wichtig empfinden.

7. Je nachdem, wo die Gruppe gearbeitet hat, kann „der gute Fremdsprachenlerner" für einige Zeit hängen bleiben. Er gibt sicher hin und wieder ein paar gute Tips.

Tips für die Praxis im Kurs

Dieses Arbeitsblatt erklärt sich den KursteilnehmerInnen von selbst (eventuell in die Ausgangssprache übersetzen).

✘ Sie setzen sich in kleinen Gruppen zusammen und lesen zunächst einzeln die Aufgaben.

✘ Danach bearbeiten sie gemeinsam die Aufgaben wie beschrieben.

9 Lehrbuch-Quiz

Wie gut kennen Sie Ihr Lehrbuch?

Bitte benutzen Sie bei der Beantwortung der folgenden Fragen Ihr Lehrbuch <u>nicht</u>! Nehmen Sie es erst für die Kontrolle zur Hand.

Ihre Punktzahl

1. Wie viele Seiten (+/- 5) hat Ihr Lehrbuch?
   _____ Seiten   2 Punkte _____

2. Wie viele Lektionen enthält Ihr Lehrbuch?
   _____ Lektionen   1 Punkt _____

3. An welcher Lektion arbeiten Sie gerade?
   Lektion Nr. _____   1 Punkt _____

4. Wie ist die Wortschatzliste angelegt?
   ❏ einsprachig   ❏ zweisprachig   2 Punkte _____

5. Gibt es Leitsymbole, die Sie durch alle
   Lektionen steuern?
   ❏ ja   ❏ nein   1 Punkt _____

   Wenn ja, benennen oder zeichnen Sie
   bitte ein Symbol. _____   1 Punkt _____

6. Wo stehen die Kennziffern für die
   einzelnen Lektionen?
   ❏ nur zu Beginn jeder Lektion
   ❏ auf jeder Seite rechts und links oben
   ❏ auf jeder Seite rechts und links unten
   ❏ nur auf der linken Seite oben
   ❏ nur auf der rechten Seite oben
   ❏ ...   1 Punkt _____

7. Wie viele Anhänge enthält Ihr Lehrbuch?
               2 Punkte _____

8. Gibt es zu Ihrem Lehrbuch ein
   Arbeitsbuch oder Arbeitsheft?
   ☒ ja   ❏ nein   1 Punkt _____

   Summe: _____

Setzen Sie sich nun mit einem Partner bzw. mit einer Partnerin zusammen. Vergleichen Sie mit Hilfe Ihres Lehrbuches Ihre Antworten und besprechen Sie sie.

Auswertung

12 Punkte - 10 Punkte: Glückwunsch! Sie kennen Ihr Handwerkszeug.

9 Punkte - 6 Punkte: Blättern Sie Ihr Buch bei Gelegenheit noch einmal durch und prüfen Sie, was es alles enthält.

5 Punkte - 4 Punkte: Nehmen Sie bitte Ihr Buch zur Hand. Schlagen Sie das Inhaltsverzeichnis auf, und suchen Sie dann alle dort aufgeführten Kapitel im Buch.

Weniger als 4 Punkte: Um erfolgreich lernen zu können, sollten Sie Ihr Handwerkszeug kennen. Gehen Sie die Quizfragen nochmals mit Ihrem Kursleiter bzw. Ihrer Kursleiterin durch. Benutzen Sie auch das Inhaltsverzeichnis Ihres Buches. Prüfen Sie bitte Inhalt und Funktion jedes Kapitels.

Tips für die Praxis im Kurs

✗ Im Anfangsunterricht sollte das Quiz vom Kursleiter bzw. von der Kursleiterin in die Ausgangssprache übersetzt werden.

✗ Die KursteilnehmerInnen lesen das Quiz zunächst einzeln durch und beantworten die Fragen.

✗ Nach Bearbeitung der Fragen vergleichen sie ihre Ergebnisse untereinander und beziehen dazu die Auswertung ein.

10 Lernzeiten: Wann das Lernen am leichtesten fällt

Will man beim Lernen Erfolg haben, ist es auch wichtig, den richtigen Zeitpunkt für sich persönlich herauszufinden. Dabei kann man sich nur bedingt an anderen orientieren, denn es gibt die sogenannten „Abendtypen" und die „Morgentypen".

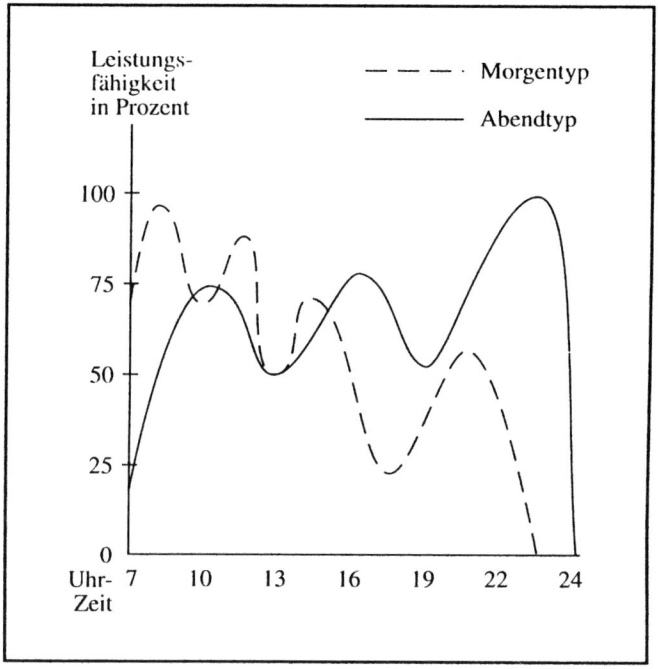

Wozu gehören Sie? Wenn Sie es bisher noch nicht herausfinden konnten und sicherheitshalber noch einmal überprüfen wollen, dann benutzen Sie dazu die folgende Aufgabe.

Beobachten Sie sich einmal 10 Tage lang selbst, während Sie lernen. Erproben Sie dabei möglichst viele Tageszeiten. Registrieren Sie jedesmal durch Ankreuzen Ihre Einschätzung über den Erfolg und die Uhrzeit, wann Sie gelernt haben.

35

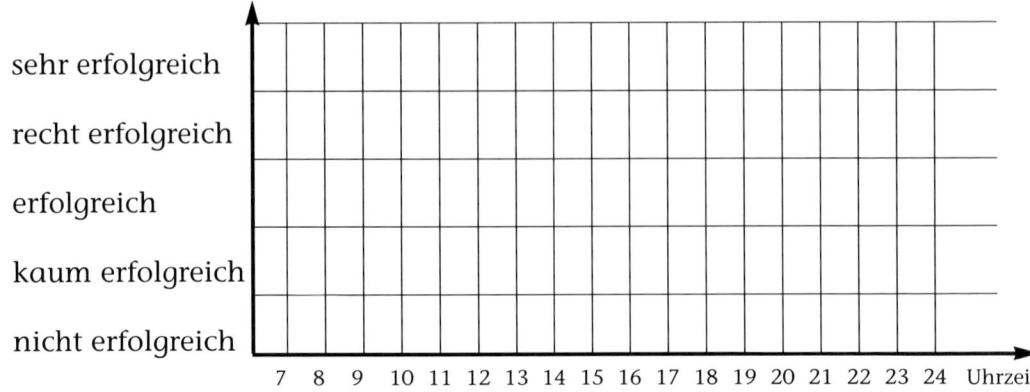

Ihre Kreuzchen müßten Ihnen nun sagen, wann Ihnen das Lernen am leichtesten gefallen ist. Was sind Sie also?

❏ ein Morgentyp   ❏ ein Abendtyp

Bei Ihren Beobachtungen werden Sie sicher auch bemerken, daß außer der Tageszeit auch andere Faktoren das Lernen erleichtern bzw. erschweren. (Vgl. Arbeitsblatt Nr. 13, Nr. 14, Nr. 6)

Tips für die Praxis im Kurs

Der Kursleiter bzw. die Kursleiterin leitet das Thema im Gespräch mit den KursteilnehmerInnen ein.

Anschließend lesen sie das Arbeitsblatt einzeln durch und stellen ggf. Fragen zum Vorgehen.

Die Aufgabe kann erst nach 10 Tagen abgeschlossen werden. Gegen eine Zwischenmeldung über die Selbsteinschätzung der KursteilnehmerInnen ist jedoch nichts einzuwenden.

Nach zehn Tagen tauschen die KursteilnehmerInnen zunächst in Kleingruppen ihre Beobachtungsergebnisse aus.

Schließlich wird festgestellt, wie viele „Abendtypen" und „Morgentypen" es in der Kursgruppe gibt.

11 Lernzeiten: Mein Lernplan

Wenn ein Wochenende bevorsteht, überlegen Sie sicher oft, wie Sie die Freizeit gestalten können und machen Pläne. So ähnlich sollten Sie auch Ihr selbständiges Lernen planen.

Morgentyp

	Montag	Dienstag	Mittwoch	Donnerstag	Freitag	Samstag	Sonntag
7.00							
8.00							
9.00							
10.00							
11.00							
12.00							
13.00							
14.00							
15.00							
16.00							
17.00							

Abendtyp

	Montag	Dienstag	Mittwoch	Donnerstag	Freitag	Samstag	Sonntag
14.00							
15.00							
16.00							
17.00							
18.00							
19.00							
20.00							
21.00							
22.00							
23.00							
24.00							

Entscheiden Sie sich für einen der beiden Pläne. Verteilen Sie den Lernstoff, den Sie selbst auswählen können, auf die Zeit, die Sie in dieser Woche für Ihr Deutschlernen einsetzen möchten.

Beispiel:

Montag:	neue Vokabeln einprägen
	Tonkassette anhören
	Lektionstext laut lesen
	Lektionstext auswendig lernen
Dienstag:	neue Vokabeln mündlich wiederholen
	Lektionstext auswendig sprechen
Mittwoch:	neue Vokabeln schreiben
Donnerstag:	Lektionstext auswendig aufschreiben
	und korrigieren
Freitag:	Grammatikregeln durcharbeiten und einprägen
	Grammatikübung Nr. ...
Samstag:	Grammatikübung Nr. ...
	Vokabeln wiederholen
Sonntag:	erholen

Tip

Machen Sie Ihren Arbeitsplan am besten unmittelbar nach dem Deutschkurs (falls dieser nur einmal wöchentlich stattfindet).

Damit Sie Ihre Planung nicht aus dem Blick verlieren, hängen Sie diesen Plan an einer Stelle auf, die Sie nicht übersehen können.

Tips für die Praxis im Kurs

Dieses Arbeitsblatt wird in der letzten Viertelstunde des Unterrichts bearbeitet.

✗ Die KursteilnehmerInnen lesen das Arbeitsblatt und stellen ggf. Fragen zum Vorgehen.

✗ Danach erarbeiten sie ihren persönlichen Arbeitsplan für die Zeit bis zum nächsten Unterricht.

12 Lernzeiten: Wie ich mein Lernen am besten verteile

Wann Sie *was* in Ihrem Deutschkurs lernen, können Sie selbst wenig beeinflussen, da Sie in eine Gruppe eingebunden sind und meistens von der Planung des Kursleiters bzw. der Kursleiterin und dem Lehrwerk gesteuert werden.

Sobald Sie Ihr Lernen jedoch selbst gestalten – das ist der Fall, wenn Sie zu Hause lernen – sollten Sie auf die günstigste Verteilung des Lernens achten. Beantworten Sie bitte zur persönlichen Kontrolle die folgenden Fragen:

1. Wann erledigen Sie Ihre Hausaufgaben für den Deutschkurs?
   - ❑ nach dem letzten Kurstag
   - ❑ eher vor dem nächsten Kurstag
   - ☒ an verschiedenen Tagen

2. Wieviel Zeit wenden Sie für das Lernen zu Hause auf?
   - ❑ jeden Tag ca. 10 - 20 Minuten
   - ❑ jeden Tag ca. 20 - 40 Minuten
   - ☒ jeden Tag mehr als 40 Minuten
   - ❑ einmal pro Woche 10 - 20 Minuten
   - ❑ einmal pro Woche 20 - 40 Minuten
   - ❑ einmal pro Woche 40 und mehr Minuten
   - ❑ zweimal pro Woche ... Minuten
   - ❑ dreimal pro Woche ... Minuten
   - ❑ ...

3. Welche Aufgaben bearbeiten Sie in dieser Zeit?
   ...

4. Greifen Sie dieselben Lerngegenstände beim nächsten Lernen noch einmal auf?
   - ❑ Nein, gelernt ist gelernt.
   - ❑ Ja, meistens alle.
   - ☒ Ja, einige.
   - ❑ ...

5. Worauf achten Sie, wenn Sie die verschiedenen Lerngegenstände zusammenstellen?
   ...

Vergleichen Sie Ihre Antworten mit denen der anderen KursteilnehmerInnen und vor allem mit den folgenden Lerntips. Müssen Sie Ihr Lernen daraufhin verändern? In welcher Weise?

Tips zur Verteilung des Lernens

1. Wenn Sie zu Hause wiederholen, üben oder auch neu lernen wollen, warten Sie nicht bis zur letzten Minute vor dem Kurstag oder der nächsten Unterrichtsstunde. Verteilen Sie Ihr Lernen auf möglichst viele kleine Portionen.
2. Wenn Sie jeden Tag ein wenig Deutsch lernen – auch wenn es nur ca. 20 Minuten sind – haben Sie gute Aussichten auf Erfolg, denn Sie bleiben dann „in der Sprache".
3. Stopfen Sie Ihre Lernphasen nicht mit zuviel Stoff voll. Nehmen Sie sich nicht z.B. 50 Vokabeln, sondern lieber nur 10 - 12 Vokabeln vor.
4. Wenn unterschiedliches Lernen für Sie nützlich ist, dann sorgen Sie selbst auch für Abwechslung. Beispiel: Wenn Sie gerade Vokabeln aufgeschrieben haben, sollten Sie keine Abschreibeübung anschließen, sondern vielmehr eine Übung mit der Tonkassette oder eine Sprechübung. Nicht Ähnliches, sondern Verschiedenes prägt sich besonders gut ein.
5. Wiederholen ist das halbe Lernen! Einmaliges Einprägen reicht oft nicht aus. Geben Sie also die Hoffnung nicht auf, wenn Sie etwas immer wieder vergessen; das ist ziemlich normal und hat mit Ihrer Eignung zum Deutschlernen nichts zu tun. Benutzen Sie Hilfsmittel zur Entlastung wie z.B. Merkzettel oder eine Lernkartei.

Tips für die Praxis im Kurs

✗ Die KursteilnehmerInnen lesen das Arbeitsblatt. (Der Kursleiter bzw. die Kursleiterin hat es ggf. vorher in die Ausgangssprache übersetzt.)

✗ Sie bearbeiten die Fragen und tauschen ihre Ergebnisse und Meinungen in Partner- oder Kleingruppenarbeit aus.

✗ Dann lesen sie die „Tips zur Verteilung des Lernens".

✗ Abschließend fertigen sich die KursteilnehmerInnen einen persönlichen Merkzettel an, der die Überschrift trägt: „Wie ich Deutsch lernen möchte".

13 Meine Lernecke

Viele LernerInnen finden ihren Lernort durch Zufall. Sie lernen am Schreibtisch, im Bus, am Küchentisch, auf dem Sofa, im Wohnzimmer, im Auto mit dem Kassettenrekorder. Oft wechseln sie auch den Lernort – wie es sich gerade ergibt.

Wo lernen Sie meistens?

1. Um konzentriert und wirksam lernen zu können, ist es wichtig, den Lernort bewußt auszuwählen.

   Eigenschaften, die Ihr Lernort haben sollte:

   • ruhig und abseits vom sonstigen Leben und Treiben;
   • hell genug, um zu lesen und zu schreiben;
   • groß genug für einen Tisch und einen bequemen Stuhl;
   • Platz für eine kleine Pinnwand;
   • Platz für ein kleines Regal oder eine Abstellfläche für die Lern-
     materialien.

2. Arbeitsmittel, die Sie an Ihrem Lernort benötigen
   (Grundausstattung):

   ❏ Lehrwerk   ❏ Leuchtstifte   ❏ Lernkartei(en)
   ❏ Arbeitsheft(e)   ❏ Lineal   ❏ Zusatzmaterialien
   ❏ Schreibpapier   ❏ Merkzettel   zum Lehrbuch
   ❏ Schreibgeräte   ❏ Klebestreifen oder   ❏ Tonkassette(n)
   ❏ Radiergummi   Nadeln für Pinnwand   zum Lehrbuch
                                                ❏ Kassettenrekorder

   Kreuzen Sie bitte diejenigen Arbeitsmittel an, die an Ihrem Lernort noch nicht vorhanden sind. Überlegen Sie dann, wie Sie sie anschaffen können. Tauschen Sie sich darüber auch mit den anderen KursteilnehmerInnen aus.

3. Was zur „Luxusausstattung" Ihres Lernorts gehören könnte:

   ❏ deutsche Tageszeitungen, Illustrierte, Magazine etc.
   ❏ deutsche Bücher
   ❏ Videorekorder und Fernseher
   ❏ verschiedene deutsche Video- und Tonkassetten

- ❏ PC mit Programmen zum Deutschlernen
- ❏ Ansichtskarten aus Deutschland
- ❏ Briefmarken, Poster, Bierdeckel etc. aus Deutschland
- ❏ Stadtpläne deutscher Städte
- ❏ Prospekte von deutschen Städten

Kreuzen Sie bitte an, was Sie bereits haben.

Tips für die Praxis im Kurs

✗ Die KursteilnehmerInnen tauschen sich darüber aus, wo sie außerhalb des Kurses am liebsten lernen.

✗ Sie bearbeiten dann den ersten Teil des Arbeitsblattes und prüfen mit Hilfe der Kriterienliste, ob sie einen geeigneten Lernplatz haben.

✗ Im zweiten Schritt prüfen sie durch Ankreuzen im Arbeitsblatt die Grundausstattung ihres Arbeitsplatzes; sie setzen sich mit anderen KursteilnehmerInnen zusammen und vergleichen die Ergebnisse.

✗ Im dritten Arbeitsschritt kreuzen die TeilnehmerInnen an, worüber sie bereits verfügen. Sie überlegen individuell bzw. in Partnerarbeit, was sie noch anschaffen möchten.

14 Vielfalt der Lernorte

Neben der eigenen Lernecke zu Hause gibt es noch manche andere Orte, um Deutsch zu lernen. Natürlich zählt dazu auch der Ort, an dem Ihr Sprachkurs stattfindet. Vielleicht entdecken Sie in Ihrer Umgebung aber noch andere, zusätzliche Lernorte. Bitte überprüfen Sie, welche der folgenden Möglichkeiten für Sie auch noch in Frage kommen:

❑ eine Bibliothek

❑ deutschsprachige Nachbarn, Freunde

❑ Goethe-Institut

❑ Vereine mit Partnerschaften zu Deutschland

❑ deutsche Touristen, die Ihre Heimat besuchen (wollen) oder besucht haben

❑ Volkshochschulen in Ihrer Stadt

❑ Sprachenschulen in Ihrer Umgebung

❑ Buchhandlung mit deutschem Buch- und Zeitschriftenangebot

❑ ...

Bitte kreuzen Sie an, was für Sie erreichbar wäre. Vergleichen Sie dann Ihr Ergebnis mit dem der anderen und tauschen Sie Ihre Erfahrungen aus.

Tips für die Praxis im Kurs

✗ Die KursteilnehmerInnen lesen das Arbeitsblatt.

✗ Sie setzen sich dann in Kleingruppen zusammen und tauschen ihre Ergebnisse und Meinungen aus.

✗ Arbeitsblatt Nr. 5 und/oder Nr. 13 können anschließend bearbeitet werden.

 # 15 Deutschlernen macht Spaß

Auch wenn man die feste Absicht hat, Deutsch zu lernen, kann es vorkommen, daß man nicht immer die notwendige Lust dazu hat. Manche LernerInnen entwickeln dann eine Fülle von Vermeidungsstrategien: Sie behaupten vor sich selbst, ausgerechnet heute keine Zeit zum Lernen zu haben. Sie verschieben es auch gerne auf den nächsten Tag.

Einer solchen Selbsttäuschung sollten Sie nicht nachgeben. Entwickeln Sie stattdessen Ideen, wie Sie Ihre innere Bereitschaft zum Lernen herstellen können. Vielleicht kennen Sie schon ein paar Tricks. Schreiben Sie mindestens drei davon auf:

...

Sprechen Sie einmal mit anderen KursteilnehmerInnen über dieses Problem. Vielleicht können Sie von ihnen ein paar Tips bekommen.

Ideen zur Selbstmotivation

* Lernen Sie regelmäßig zu einem festen Zeitpunkt am Tag bzw. in der Woche. Planen Sie alle übrigen Verpflichtungen um diesen Zeitpunkt herum.

* Räumen Sie Ihre Arbeitsmaterialien nicht außer Sichtweite, sondern legen Sie sie unübersehbar und stets griffbereit an einen bestimmten Platz.

* Gestalten Sie Ihren häuslichen Lernort so, daß er eine freundliche und angenehme Atmosphäre bietet. Richten Sie ihn auch so praktisch ein, daß er das Lernen erleichtert.

* Benutzen Sie ab und zu andere Lernmethoden und Lernmittel. Diese Abwechslung wirkt anregend und motivierend. Probieren Sie doch z.B. aus, eine Lernkartei anzulegen.

* Beziehen Sie zusätzliche Lernmaterialien zum Lehrbuch mit ein: z.B. eine Tonkassette mit deutschen Liedern, Videokassetten mit deutschen Filmen, Nachrichten, deutsche Tages- und Wochenzeitungen etc.

- Suchen Sie auch einmal andere Lernorte auf, an denen Sie Deutsch lernen können.

Kreuzen Sie die Ideen an, die für Sie hilfreich sind.

Tips für die Praxis im Kurs

✗ Die KursteilnehmerInnen bearbeiten den ersten Teil des Arbeitsblattes.

✗ Sie setzen sich dann in Kleingruppen zusammen und tauschen ihre „Tricks" zur Selbstmotivation aus.

✗ Sie lesen dann den 2. Teil des Arbeitsblattes und kreuzen diejenigen Ideen zur Selbstmotivation an, die sie für sich persönlich ab sofort in die Tat umsetzen wollen.

Ein Austausch im Plenum kann ggf. noch weitere Ideen an den Tag bringen.

16 Gelerntes überprüfen

Selbständig Deutsch lernen kann man dann besonders gut, wenn man seine Stärken kennt, aber auch seine Schwächen – und gerade diese sollte man besonders beachten. Regelmäßige Selbstkontrolle kann dabei eine große Hilfe sein.

Beantworten Sie bitte nach jeder Lektion die folgenden Fragen:

1. Was habe ich in der letzten Lektion gelernt?
   ❑ neue Vokabeln zum Thema …
   ❑ neue Grammatikregeln zu …
   ❑ besondere Aussprache, z.B. …
   ❑ schwierige Schreibweisen, z.B. …
   ❑ Texte zu lesen
   ❑ Tonbandtexte zu verstehen
   ❑ selber deutsche Texte zu schreiben
   ❑ selbständig etwas auf Deutsch zu sagen
   ❑ ein deutsches Lied zu singen
   ❑ ein deutsches Gedicht aufzusagen
   ❑ …

2. Was habe ich recht leicht gelernt?
   (Bitte kreisen Sie das zutreffende Kreuz ein.)

3. Was fällt mir jetzt noch schwer? Worin fühle ich mich noch unsicher?
   (Bitte unterstreichen Sie diese Punkte mit Rot.)

Nun ist klar, was Sie machen müssen: Wiederholen Sie diejenigen Aufgaben, die Sie mit Rot gekennzeichnet haben. Bei Unklarheiten schlagen Sie außer im Lehrbuch auch noch woanders nach, z.B. in einem anderen Lehrbuch, in einer Grammatik, im Wörterbuch.
Nach jeder dritten Lektion sollten Sie eine „Sammelprüfung" nach gleichem Muster durchführen.

Tips für die Praxis im Kurs

✘ Die KursteilnehmerInnen lesen das Arbeitsblatt (evtl. in ihrer Ausgangssprache) und beantworten die Fragen aufgrund der zuletzt bearbeiteten
   Lektion in ihrem Lehrbuch. Sie dürfen dabei das Buch zu Hilfe nehmen.

✘ Der Kursleiter bzw. die Kursleiterin bespricht abschließend die verschiedenen Ergebnisse und gibt Hinweise zum selbständigen Wiederholen und
   Üben.

 # 17 Bearbeitung einer Lektion

1. Wenn man eine Lektion seines Lehrbuches selbständig bearbeiten möchte, sollte man zunächst zwei Schritte tun:
A: Prüfen, was man aus dieser Lektion alles lernen könnte.
B: Die Reihenfolge der einzelnen Arbeitsschritte festlegen.

Spielen Sie diese beiden Schritte einmal durch.

A: Nehmen Sie bitte Ihr Lehrbuch zur Hand. Wie viele Lektionen enthält es?
… Lektionen

Wählen Sie eine beliebige Lektion aus und notieren Sie, welchen Lernstoff sie enthält.
…

B: Das alles kann man mit einer Lektion machen:

Übungen mündlich bearbeiten   Grammatikregeln lernen
Selbstkontrolle durchführen   neue Vokabeln wiederholen
Beispielsätze zur Grammatik bilden   Text laut lesen
Vokabeln zum Lektionsthema notieren   Text aufschreiben
Text erschließen   mit Partner üben   Text abschreiben
eigene Übungen durchführen   Text auswendig lernen
Übungen schriftlich bearbeiten   neue Vokabeln üben
Grammatikregeln herausfinden   Grammatikregeln formulieren
neue Vokabeln lernen   neue grammatische Formen vergleichen

Bringen Sie bitte diese Arbeitsschritte in eine Reihenfolge, die Ihnen sinnvoll erscheint. Vergleichen Sie Ihre Lösung mit der der anderen KursteilnehmerInnen. Sollten Sie nun noch etwas ändern?

Tip

Hängen Sie Ihre Liste als Merkzettel an Ihrem Arbeitsplatz auf. Danach können Sie künftig beim selbständigen Bearbeiten einer Lektion vorgehen.

---

2. Erproben Sie bitte an dem folgenden Teil einer Lektion, welche Arbeitsschritte aus Ihrer Liste Sie hier anwenden könnten.
Unbekannte Vokabeln sollten Sie unterstreichen; neue Grammatikformen können Sie so ~~~~ kennzeichnen.

Was sind Sie von Beruf?

Herr Wild:	Frau Ito! Guten Tag!
Frau Ito:	Ah, Herr ...
Herr Wild:	Wild. Ich heiße Thomas Wild.
Frau Ito:	Ja! Guten Tag, Herr Wild!
	Arbeiten Sie hier?
Herr Wild:	Ja, ich arbeite bei Technogerma.
Frau Ito:	Wirklich? Ich arbeite auch hier – bei Translingua.
Herr Wild:	Ja? – Was sind Sie von Beruf, Frau Ito?
Frau Ito:	Ich bin Übersetzerin für Englisch und Französisch.
Herr Wild:	Und jetzt lernen Sie auch Deutsch!
Frau Ito:	Ja. – Und Sie? Was machen Sie?
Herr Wild:	Ich bin Techniker.
Frau Ito:	Sind Sie allein in Japan oder ...
Herr Wild:	Nein, meine Frau und meine Kinder sind auch hier.
Frau Ito:	Arbeitet Ihre Frau?
Herr Wild:	Ja, sie ist Dolmetscherin.
Frau Ito:	Wirklich? Mein Mann ist auch Dolmetscher.

Tips für die Praxis im Kurs

✗ Zum Einstieg sammelt der Kursleiter bzw. die Kursleiterin im Gespräch mit den KursteilnehmerInnen ihre Erfahrungen beim selbständigen Bearbeiten (auch Wiederholen) von Lektionen in ihrem Lehrbuch.

✗ Im Anfangsunterricht: Der Kursleiter bzw. die Kursleiterin übersetzt das Arbeitsblatt in die Ausgangssprache.

✗ Die KursteilnehmerInnen lesen die Aufgabe 1 und bearbeiten Schritt A.

✗ Schritt B kann in Partnerarbeit gelöst werden.

✗ Dann prüfen die KursteilnehmerInnen, ob/wie die Abfolge der Arbeitsschritte auf ihre ausgewählte Lektion angewendet werden kann.

✗ Die Aufgabe 2 kann wieder in Partner- oder in Kleingruppenarbeit gelöst werden.

18 Ein schlechtes Gedächtnis?

Nein, bestimmt nicht! Wenn Sie nicht alles sofort behalten können, liegt das nicht an Ihnen, sondern vielleicht an der Menge des Lernstoffes oder an seiner Schwierigkeit oder an anderen Dingen.

1. Sicher haben Sie Ihre Tricks, die Sie anwenden, um das Vergessen zu vermeiden. Schreiben Sie bitte auf, welche Ideen Ihnen einfallen.

   ...

   Vergleichen Sie Ihre Ideen mit denen der anderen KursteilnehmerInnen. Vielleicht finden Sie dabei noch Anregungen.

2. Lesen Sie die 10 Tips durch. Welche scheinen Ihnen besonders nützlich zu sein? Suchen Sie mindestens 5 Tips aus. Vergleichen Sie diese mit denen der anderen KursteilnehmerInnen. Begründen Sie untereinander die Auswahl.

---

10 Tips zum besseren Behalten

1. Viele Menschen behalten geschriebene Texte dann besonders gut, wenn Sie mit einem Bleistift, einem Farbstift oder einem Textmarker einzelne Wörter oder Textstellen hervorheben. Sie machen sich so ein „Bild" von dem Text, an das sie sich leichter erinnern. visuell

2. Andere Menschen sind eher akustisch orientiert. Sie behalten einen Text dann leichter, wenn sie ihn einmal oder mehrmals gehört haben. Wenn Sie zu dieser Gruppe gehören, benötigen Sie dringend die Kassette mit den Lehrbuchtexten. Für Sie ist auch das laute Sprechen dieser Texte hilfreich.

3. Das Auswendiglernen ist eine anerkannte und bewährte Methode beim Fremdsprachenlernen. Sie entlastet Sie, da Sie die deutschen Sätze, die Sie sprechen oder schreiben wollen, später nicht vollständig neu bilden müssen. Statt dessen rufen Sie fertige Textteile aus Ihrem Gedächtnis ab und brauchen nicht mehr Wort für Wort zu konstruieren.
   Wenden Sie beim Auswendiglernen je nach Neigung Tip 1 oder Tip 2 an.

---

4. Einzelne Vokabeln zu behalten, ist schwierig. Stellen Sie sie daher in einen Sinnzusammenhang und in ein Wortfeld.
   Beispiel: Tasse
   Wortfeld: Tasse, Teller, Unterteller, Schüssel, Schale
   Vielleicht stellen Sie sich diese Wörter auch bildlich vor, etwa so:

 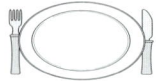  

   Manchmal hilft das beim Erinnern.

5. Verbinden Sie den neuen Lernstoff, also z.B. eine neue Grammatikregel, mit dem Wissen, das Sie zu diesem Bereich schon haben. Das Vernetzen von neuem und altem Lernstoff fördert das Behalten. Ihre Frage müßte also lauten: „Was weiß ich dazu schon?"

6. Visuell orientierte Menschen schreiben sich gerne den Lernstoff auf. Sie prägen sich dabei das Schriftbild der Wörter ein.
   Oft ist eine Verbindung mit Tip 1 nützlich.

7. Um das Gedächtnis zu entlasten, wenn man einen längeren Text hört oder liest, helfen oft die bekannten W-Fragen:
   Wer?   Wann?   Wo?   Wie?   Warum?
   Sie helfen, die Menge der Textinformationen zu strukturieren und Unwesentliches wegzulassen.

8. Merkzettel helfen bei der Entlastung des Gedächtnisses – vorausgesetzt, man merkt sich, wo man sie aufbewahrt. Gestalten Sie daher Ihren Lernort so, daß Sie Merkzettel immer an einer ganz bestimmten Stelle aufbewahren, am besten an der Pinnwand.

9. Ein Merkheft ist besonders für die Sammlung von Grammatikregeln geeignet. Sie können dort aber auch Regeln zur Aussprache oder zur Rechtschreibung notieren.

10. Fertigen Sie sich Notizen zum Lernstoff an, den Sie behalten wollen. Benutzen Sie dabei Tip 7 und Tip 8, vielleicht hilft auch Tip 1.

Entscheiden Sie sich nun für den „Lerntip des Tages"! Sie können ihn gleich morgen ausprobieren.
Es handelt sich um Tip Nr. ____

Was tun Sie, um nicht zu vergessen, daß Sie ihn morgen einsetzen wollen?

Tips für die Praxis im Kurs

✗ Die KursteilnehmerInnen schreiben ihre Tricks auf, mit denen sie das Vergessen verhindern. Sie tauschen dann ihre Erfahrungen und Tricks in Kleingruppen aus und besprechen deren Für und Wider.

✗ Die KursteilnehmerInnen lesen die „10 Tips zum besseren Behalten" und wählen die für sie wichtigsten Tips aus. Sie besprechen diese in Kleingruppen (neue Zusammensetzung!).

✗ Abschließend entscheiden sie sich individuell für Ihren „Lerntip des Tages".

Fremdsprachliche Techniken und Strategien (Primärstrategien)

Taschenwörterbuch (ca. 4,5 cm dick)

Es ist für Anfänger zu empfehlen und gehört als wichtiges Arbeitsmittel an den häuslichen Lernort. Es enthält zwei Teile:
1. Muttersprache – Deutsch
2. Deutsch – Muttersprache

Kleinwörterbuch (ca. 1,5 - 2 cm dick)

Es ist zum Mitnehmen für unterwegs geeignet.
Es besteht aus zwei Teilen:
1. Muttersprache – Deutsch
2. Deutsch – Muttersprache

Mini-Wörterbuch
(ca.1 - 1,5 cm dick)
Für Ihre Zwecke ungeeignet, da es zu wenige Informationen enthält.

Wenn Sie bereits ein Wörterbuch besitzen, legen Sie es einmal auf diese Schablonen. Welche Art von Wörterbuch haben Sie?

Die Bezeichnungen dieser drei Sorten von Wörterbüchern variieren. Lassen Sie sich davon nicht verwirren: Auf den Umfang, die Wortmenge, kommt es an, aber auch auf die Menge der zusätzlichen Informationen (Aussprache, grammatische Hinweise etc.)

Ob das Wörterbuch für Sie das richtige ist, erkennen Sie vor allem an der Menge der Eintragungen. Nehmen Sie im Zweifelsfall lieber ein umfangreicheres Wörterbuch. So können Sie sicher sein, daß Sie die Mehrzahl der Suchbegriffe auch finden.

Fortgeschrittene Lerner greifen gerne zum zweibändigen, zweisprachigen Wörterbuch und später sogar zum einsprachigen Wörterbuch. Es gibt noch mehr Informationen zum Gebrauch der Wörter (Redewendungen, Stilebenen etc.).

Tips für die Praxis im Kurs

Die KursteilnehmerInnen benötigen zur Bearbeitung dieses Arbeitsblattes ihr eigenes Wörterbuch. Der Kursleiter bzw. die Kursleiterin bringt zur Illustration verschiedene Wörterbücher mit.

✘ Die KursteilnehmerInnen bestimmen die Art ihres eigenen Wörterbuches mit Hilfe der Schablonen des Arbeitsblattes. Dies kann auch in Gruppenarbeit geschehen.

✘ KursteilnehmerInnen mit gleichen oder vergleichbaren Wörterbüchern setzen sich dann zusammen und vergleichen seitenweise den Aufbau.

Die Kommentare auf dem Arbeitsblatt können auch im Gespräch erarbeitet werden.

20 Inhalt von Wörterbüchern

1. Nehmen Sie bitte Ihr Wörterbuch zur Hand. Notieren Sie, welche verschiedenen Kapitel es enthält.

   ...

2. Auch wenn die Kapitel am Anfang des Wörterbuches recht klein sind, so sind sie dennoch sehr wichtig für die Benutzung. Daher ist es gut, wenn man die gängigsten Zeichen, Symbole und Abkürzungen kennt. Kontrollieren Sie einmal, was Ihnen hiervon bereits vertraut ist.

   a) Was bedeuten folgende Zeichen?

    ... ... ⊕ ... ... ⚓ ...

   b) Was sagen folgende Abkürzungen aus? Schlagen Sie evtl. im Wörterbuch nach.

   fig. ...   e-m, e-n ...   lit. ...   ehem. ...   inf. ...

Tip

Prägen Sie sich immer mehr dieser Zeichen und Abkürzungen ein. Dann fällt das Nachschlagen leichter.

Tips für die Praxis im Kurs:

✘ Dieses Arbeitsblatt kann ergänzend zum Arbeitsblatt Nr. 19 „Auswahl eines Wörterbuches" bearbeitet werden.

✘ Die KursteilnehmerInnen lesen das Arbeitsblatt.
   Aufgabe 1 wird in Einzelarbeit gelöst, Aufgabe 2 a) kann im Plenum behandelt werden, und Aufgabe 2 b) wird wieder von den KursteilnehmerInnen einzeln bearbeitet.

✘ Ergänzend können die KursteilnehmerInnen selbst weitere Symbole und Abkürzungen benennen bzw. an die Tafel zeichnen und erläutern.

21 Wörterbücher verstehen

1. In einem Wörterbuch steckt manchmal mehr als man denkt. Lesen Sie bitte im folgenden Beispiel, welche Informationen der Eintrag zum Wort „Haus" liefert.

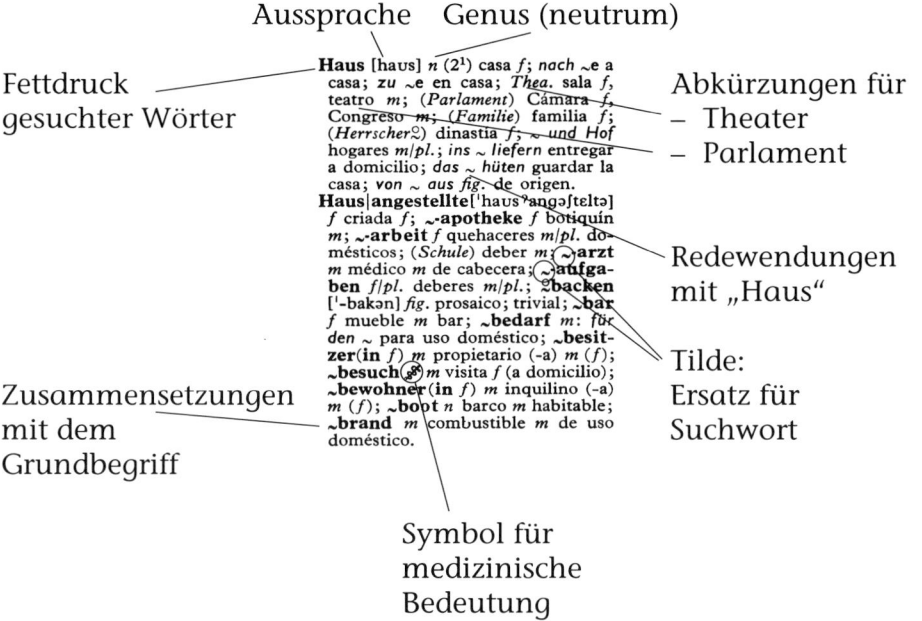

Aussprache Genus (neutrum)

Fettdruck gesuchter Wörter

Abkürzungen für
– Theater
– Parlament

Redewendungen mit „Haus"

Tilde: Ersatz für Suchwort

Zusammensetzungen mit dem Grundbegriff

Symbol für medizinische Bedeutung

2. Manchmal sind die Informationen in den Eintragungen recht verschlüsselt. Erklären Sie bitte die Zeichen und Abkürzungen in den folgenden Beispielen:

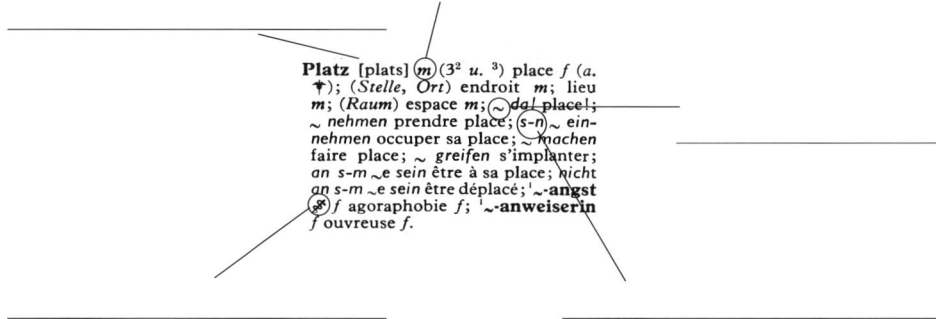

Leistung *f* (*Arbeit, Tätigkeit*) рабо́та, труд; (*Erfolg, Ergebnis*) достиже́ние; (⊕ ⚡ мо́щность *f*; произво́дительность *f*;(*höchste*) вы́сший показа́тель *m*; ⟳s**fähig** мо́щный; работоспосо́бный;(*produktiv*) произво́дительный, продукти́вный; ⟳s**fähigkeit** *f* мо́щность *f*; работоспосо́бность *f*, продукти́вность *f*; ~s**lohn** *m* сде́льная пла́та, ~s**kapazität** ⊕ *f* эффекти́вная мо́щность *f*; действи́тельная ёмкость *f*; ⟳s**schau** *f* смотр достиже́ний.

3. Häufig gibt es nicht nur ein Suchwort, sondern mehrere. Wie viele Suchwörter sind es in den verschiedenen Einträgen?
Anzahl der Suchwörter: Haus _____   Platz _____   Leistung _____

Tips für die Praxis im Kurs

In diesem Arbeitsblatt geht es nicht um die semantischen Entsprechungen von Wörtern in der Muttersprache und einer anderen Sprache, sondern lediglich um das Verständnis der Symbolik.

✘ Die KursteilnehmerInnen lesen das Beispiel zu 1. genau durch. Danach besprechen sie zusammen mit dem Kursleiter bzw. der Kursleiterin die verschiedenen Symbole und Abkürzungen.

✘ Die Aufgaben 2 und 3 werden zunächst in Einzelarbeit gelöst und danach im Plenum besprochen.

✘ Diese Arbeit kann ergänzt werden, indem die KursteilnehmerInnen ihre eigenen Wörterbücher durchblättern und dabei weitere unbekannte Zeichen, Symbole und Abkürzungen aufspüren. In Partnerarbeit finden sie die Bedeutung heraus oder fragen den Kursleiter bzw. die Kursleiterin.

22 Auffinden von Suchwörtern im Wörterbuch

Es ist nicht immer ganz einfach, so rasch wie möglich ein Suchwort im Wörterbuch zu finden. Die Leitwörter am oberen Seitenrand können beim schnellen Durchblättern der Seiten helfen.

~weg m садовая дорожка; ~zaun m садовая изгородь f.
'Gärtner|(in f) m садовник (-ица); (Gemüse²) огородник (-ица); ~ei ('raɪ) f садоводство; (Gemüsebau) огородничество.
'Gärung f брожение; ~s-erreger, ~sstoff m фермент; (für Brot) закваска.
Gas n [4] газ; ~ geben прибавлять [-бавить] ходу od. газу.
'Gas|-anstalt f газовый завод; ~behälter m газоём, газгольдер; ~beleuchtung f газовое освещение; ~bombe f химическая бомба; ~brenner m газовая горелка; ~erzeuger m газогенератор; ~flamme f газовое пламя; ~flasche f газообразный; ~glühlicht n газокалильный свет, горелка 'Ауэра; ~hahn m газовый кран; ²haltig содержащий газ; ~hebel m (Auto) педаль f акселератора; ~herd m s. Gaskocher; ~kammer m газовая камера; ~koks m ретортный кокс; ~leitung f газопровод; ~licht n газовый свет; ~maske f противогаз; ~messer m, Gaso'meter m газомер, газометр; ~ofen m газовая печь f; ~rohr n, ~röhre f газопроводная труба f.
'Gasse f [15] улица; (klein, schmal) улочка, переулок; (Weg) дорога; hohle~ ложбина; ~nbube m, ~njunge m уличный мальчишка m; ~nhauer m, ~nlied n уличная песня; vgl. Straßen~.
'gas-sicher газонепроницаемый.
Gast m [3¹ u. ³] гость m, (weiblicher) гостья; (Besucher(in)) посетитель(ница f) m; (Angereister) приезжий; Thea. гастролёр(ша); zu ~ sein быть (häufig: бывать) в гостях; zu ~ laden [по]звать в гости.
'gast|frei, ~freundlich гостеприимный, радушный; ²freundschaft f гостеприимство, радушие; ²geber(in f) m хозяин (хозяйка); ²haus n гостиница, трактир; (mit Ausspann) постоялый (od. постоялый) двор, подворье; ²hof m (большая) гостиница, отель m; ~ieren ('tiː)Thea.[про]гастролировать; ~lich s. gastfrei; ²mahl n

зва́ный обед, fig., poet. пир, пи́ршество; ²recht n право гостеприимства; ²rolle f, ²spiel n гастроль f; Gastrollen spielen [про]гастролировать; ²stätte f предприятие (~ngewerbe предприятия n/pl.) общественного питания; ²stube f гостиная, (Gasthof) общая комната; ²wirt(in f) m содержатель(ница f) m гостиницы (od. ресторана), † трактирщик (od. ²wirtschaft f s. Gasthaus; ²zimmer n s. Gaststube.
'Gas|-uhr f газовый счётчик, газомер; ~vergiftung f отравление газом; ~werk n газовый завод; ~zufuhr f приток od. (Lieferung) подача газа; ~zähler m s. Gasuhr.
'Gatte m [13] супруг, муж; ~mörder m женоубийца; ~nmörderin f мужеубийца, ~nwahl f выбор супруга (od. супруги).
'Gatter n [7] (опускная) решётка.
'Gattin f супруга, жена.
'Gattung f род; Zool., ~ семейство, вид; (Rasse) порода; (Sorte) сорт; ~sbegriff m родовое понятие.
Gau m [3] округ, (Land[schaft]) край, страна, область f.
'Gaudium n [11] удовольствие; (Belustigung) увеселение.
Gauke|le'lei f обман, фокусничество; ²eln показывать фокусы; обманывать; ~ler(in f) m фокусник (-ница); †фигляр(ка).
Gaul m [3³] лошадь f.
'Gaumen m [6] нёбо; den ~ kitzeln угождать [угодить] вкусу; ~segel n Anat. нёбная занавеска.
'Gauner m мошенник, плут; ~bande f шайка мошенников; ~ei ('raɪ) f мошенничество; ²n [29] мошенничать; ~sprache f жаргон воровское арго, блатная музыка.
Gavotte (ga'vɔt, tə) f [15] гавот.
'Gaze (gaːzə) f [15] тюль m, марля; in Zssgn марлевый; тюлевый.
Ga'zelle (a')f[15] газель f. (-ная).
Ge'ächtete(r) m/f опальный.
geb. Abk. für geboren, gebunden.
Ge'bäck n [3] печенье, (Kuchen) пирожное.
Ge'bälk n [3] балки f/pl.
ge'bar s. gebären.
Ge'bärde f [15] жест; (Miene) мина; 2n [26]: sich ~ вести себя; sich wie ei.~ делать вид, разыгрывать [-рать] (B); ~nspiel n жесты

m/pl., жестикуляция; ~nsprache f язык жестов, жестикуляция.
Ge'bären n [6] поведение.
ge'bär|en [30] рождать [родить]; fig. порождать [-дить]; vgl. geboren; ²ende f родильница; ²mutter f Anat. матка; in Zssgn маточный.
Ge'bäude n [7] здание, строение, постройка.
Ge'bein n кости f/pl.; ~e pl. (v. Toten) останки m/pl.; (v. Heiligen) мощи f/pl.
Ge'bell(e) n [3; (7)] лай.
'geben 1. [ge'be(n)] (ab~, weg~, schicken) отдавать [отдать]; подавать [-дать]; s. a. bei den einzelnen Substantiven (z.B. Karten, Ausdruck usw.); viel ~ auf да(ва)ть большое значение (Д); ich würde viel darauf ~ я бы очень хотел (+ inf.); (hoch einschätzen) очень ценить od. высокó оценивать (В); darauf gebe ich nichts это я ни во что не ставлю, F мне на это наплевать; sich ~ (sich benehmen) вести себя, держать себя; (vergehen) проходить [пройти]; das gibt sich mit der Zeit со временем пройдёт; (Wind, Schmerzen usw.) утихать [утихнуть], унима́ться [уняться]; von sich ~ (Laut usw.) испускать [-пустить], изда(ва)ть; ⚡ испускать, извергать из себя дождь, F снег; F s. a. sagen; ge~ данный; zur gegebenen Zeit в подходящий момент; 2. es gibt есть, имеется; в данный момент (P); was gibt's? в чём дело?; was gibt es Neues? что нового?; es gibt Regen, es wird Regen...будет дождь, быть дождю; sowas hat es noch nie ge... это никогда не было; das gibt's nicht! этому не быть, нельзя!
'Geben² n (Kartenspiel) сдача.
'Geber(in f) m датчик, податчик (-ица); (v. Karten) сдатчик.
Ge'bet n [3] молитва; (Dank²) молебен; (öffentliches) молебствие; fig. ich nehme ihn ins ~ поговорю с (Т), усовещиваю [-вестить]; ~buch n молитвенник.
Ge'biet n [3] область f, территория, район (Bezirk) округ; (Grenzen, a. Raum) пределы m/pl.; fig. (Sachbereich) область f.
ge'bieten [26] приказывать [-зать],

повелé(ва́)ть; (erfordern) [по]трéбовать; ~ über (ac.) владéть (Т).
Ge'bieter|(in f) m повелитель (-ница f) m, властитель(ница f) m; 2isch повелительный; (dringend) настоятельный.
Ge'biets|-abtretung f уступка территории, ~erweiterung f расширение территории.
Ge'bilde n [7] (Erscheinung) явление; (Bildung, a. Geol.) формация.
Ge'bilde(r) m/f образованный (человек), интеллигéнт(ка).
Ge'bimmel n [7] звон, бренчание.
Ge'binde n [7] связка, пучок.
Ge'birge n [7] горы f/pl.
ge'birgig гористый.
Ge'birgs... in Zssgn гористый, горный; ~ausläufer m ~bewohner m горный житель m, горец; ~kamm m s. Gebirgsrücken; ~kette f горный кряж, цепь f гор; ~paß m горный проход; перевал; ~rücken m горный хребет; ~birge m гор; ~zug m s. Gebirgskette.
Ge'biß n [4] зубы m/pl.; (künstliches) (вставные) зубы m/pl., вставные зубы m/pl.; (am Zaum) удила́ n/pl., мундштук; (духов)ка.
Ge'bläse n [7] мехи́ m/pl.
ge'blümt с цветочками, в цветах.
Ge'blüt n [3] порода; vgl. Geschlecht.
ge'bogen кривой, искривлённый; (nieder~, zusammen~) согнутый.
ge'boren s. gebären (у)рождённый; er ist zum Künstler ~ он прирождённый артист.
ge'borgen спасённый, в безопасности; (behaglich) уютно, F как под крылышком.
Ge'bot n [3] приказ; (bsd. biblisch) заповедь f; (An²) предложение; zu ~e stehen быть в распоряжении (bieten).
ge'boten нужный, уместный; s. bieten.
gebr. Abk. für gebräuchlich, gebrochen.
Gebr. Abk. für Gebrüder. [braucht.]
ge'brannt (obo~жжённый); ~es Kind scheut das Feuer обжёгшись на молоке, станешь дуть и на воду.
Ge'bräu n [3] варя (пива); (schlechtes Getränk) бурда.
Ge'brauch m употребление, пользование (Т); (Sitte) обычай; (Kir-

Sobald man mit Hilfe der Leitwörter die richtige Seite gefunden hat, sucht man mit Hilfe des Alphabets das gewünschte Wort.

1. Suchen Sie auf diesen Seiten bitte die folgenden Begriffe, und markieren Sie sie mit einem Textmarker:
    Gast   Gebot   geben
    Nehmen Sie beim Suchen die Leitwörter zu Hilfe.

2. Nehmen Sie nun Ihr Wörterbuch zur Hand, und notieren Sie die Leitwörter, die Ihnen beim Auffinden folgender Suchwörter geholfen haben:

gesuchtes Wort	linkes Leitwort auf der Seite	rechtes Leitwort auf der Seite
Gebot		
Kohle		
Ort		
Rest		
Takt		

3. Leider ist es nicht immer der erste, der zweite oder der dritte Buchstabe eines Wortes, der seine alphabetische Einordnung bestimmt.
    Lesen Sie bitte die Wortliste.
    Der wievielte Buchstabe bestimmt hier die Reihenfolge der Wörter?

Geschmeide [-'ʃmaɪdə] n (7) joyas f/pl.
geschmeidig [-'ʃmaɪdiç] flexible (a. fig.); ágil; 2keit f flexibilidad f; agilidad f.
Geschmeiß [-'ʃmaɪs] n (3²) bichos m/pl.; fig. canalla f.
Geschmiere [-'ʃmiːrə] n (7) garabatos m/pl.
Geschmuse [-'ʃmuːzə] n (7) arrumacos m/pl.
Geschnatter [-'ʃnatər] n (7) graznido m; fig. parloteo m.
gescholten [-'ʃɔltən] s. schelten.
Geschöpf [-'ʃœpf] n (3) criatura f.
Geschoß [-'ʃɔs] n (4) proyectil m; ⚓ piso m; ⁓bahn f trayectoria f.
Geschrei [-'ʃraɪ] n (3) gritos m/pl., voces f/pl.; alboroto m; ein ⁓ erheben dar voces.
Geschütz [-'ʃyts] n (3²) cañón m, pieza f de artillería; ⁓feuer n fuego m de artillería; ⁓rohr n cañón m; ⁓turm m cúpula f.
Geschwader [-'ʃvaːdər] n (7) ⚓ escuadra f; ⚔ escuadrilla f.
Geschwätz [-'ʃvɛts] n (3²) parloteo m; chismes m/pl.; 2ig locuaz; hablador, parlanchín; ⁓igkeit f locuacidad f.
geschweige [-'ʃvaɪɡə]: ⁓ denn ni mucho menos; por no hablar de.

4. Bitte ordnen Sie die folgenden Wörter nach der alphabetischen Reihenfolge:
   a) ... Meinung – ... Motor – ... Märchen
   b) ... Besichtigung – ... Bedienung – ... Beruhigung
   c) ... Magen – ... Maler – ... Magier

5. Das Auffinden der Wörter genügt jedoch nicht. Es geht darum, unter den verschiedenen Übersetzungen den passenden Begriff herauszufinden. Leider ist dieser nicht immer das erste Wort.

   Erkunden Sie dies bitte in Ihrem Wörterbuch. Schlagen Sie dazu folgende Begriffe auf:

   Raum (im Sinne von Zimmer)   ....
   Folge (im Sinne von Wirkung) ....
   Werk (im Sinne von Fabrik)   ....
   Ofen (im Sinne von Backofen) ....

   Um sicher zu sein, daß Sie die richtige Wahl getroffen haben, machen Sie nun bitte die „Gegenprobe" im anderen Teil Ihres Wörterbuches (Muttersprache → Deutsch). Also: Bedeutet das ausgewählte Wort auch wirklich „Raum" im Sinne von Zimmer?

Tips für die Praxis im Kurs

In diesem Arbeitsblatt werden drei verschiedene Aspekte der Wörterbucharbeit geübt:
Das Auffinden, die Anordnung und die Bedeutung von Wörtern. Jeder dieser Aspekte sollte durch weitere, ähnliche Übungen, die der Kursleiter bzw. die Kursleiterin analog zu diesen Aufgaben entwickeln kann, geübt werden.

✗ Die KursteilnehmerInnen lesen die Einführung, sehen sich die Seite aus einem Wörterbuch an und lösen die Aufgabe 1.

✗ Die Aufgaben 2-4 werden in Einzelarbeit gelöst und anschließend im Plenum besprochen.
   Für den Fall, daß einige KursteilnehmerInnen ein Wörterbuch mitbringen, das keine Leitwörter enthält, sollte der Kursleiter bzw. die Kursleiterin für die Aufgabe 2 einige geeignete Exemplare bereithalten.

✗ Die Aufgabe 5 kann in Gruppenarbeit gelöst werden, sofern sich national homogene Gruppen bilden lassen.

23 Wörter richtig aussprechen können

Wenn man sich der Aussprache deutscher Wörter nicht sicher ist, hilft ein Blick ins Wörterbuch. Dort findet man die Lautschrift in eckigen Klammern, d.h. die Laute, die man spricht – nicht schreibt! Manchmal werden dazu auch andere Zeichen als Buchstaben benutzt, z.B. wenn man einen spezifischen Laut beschreiben möchte.

Erproben Sie bitte einmal, ob Sie mit diesen Zeichen zurechtkommen. Erkennen Sie die deutschen Wörter?

[raum]   RAUM

['fɔyər]   FOYER

['rɔymən]   RÄUMEN

['reçnən]   RECHNEN

['nɔrtliçt]   NORDLICHT

['niːdriç]   NIEDRIG

Tips für die Praxis im Kurs

✗ Die KursteilnehmerInnen lesen die Aufgabe und markieren mit Leuchtstift diejenigen Laute, die ihrer Meinung nach typisch sind für das Deutsche.

✗ Danach schlagen sie in einem Wörterbuch die Seite mit den Erläuterungen zur Lautschrift auf. Sie markieren dort diejenigen Lautzeichen, deren Aussprache ihnen Schwierigkeiten bereitet und die sie sich deshalb besonders gut merken wollen.

✗ Zu jedem dieser ausgewählten Zeichen sammeln sie dann mindestens fünf deutsche Wörter, die sie notieren und laut aussprechen.

 # 24 Grammatiktabellen verstehen

Grammatiktabellen sind ein Mittel, um mit möglichst wenigen Hinweisen eine Grammatikregel genau und einfach zu beschreiben. Manche Darstellungsformen kann man besonders gut verstehen, weil sie häufig benutzt werden.

1. Betrachten Sie bitte die folgenden Darstellungen von Grammatikregeln.

Beispiel 1:

Das Verb

dürfen *(siehe Modalverben, Seite 72)*

1. Sie sind krank, Sie *dürfen* nicht rauchen. – *Darf* ich ein Glas Wein trinken? – Ja, das *dürfen* Sie. – Er *darf* aber keinen Kaffee trinken.
2. Peter ist höflich. Er fragt Inge: „*Darf* ich Sie zu einer Tasse Kaffee einladen? – *Darf* ich Sie nach Hause bringen?"

Präsens:	ich	darf	wir	dürfen	*Präteritum:*	ich	durfte
	du	darfst	ihr	dürft		du	durftest
	er	darf	sie	dürfen			usw.

Die Regel wird grau unterlegt und damit hervorgehoben. Das fördert die Erinnerung. Die Stellen, auf die es ankommt, sind fett gedruckt.

Beispiel 2:

machen

(1) mit Adjektiv

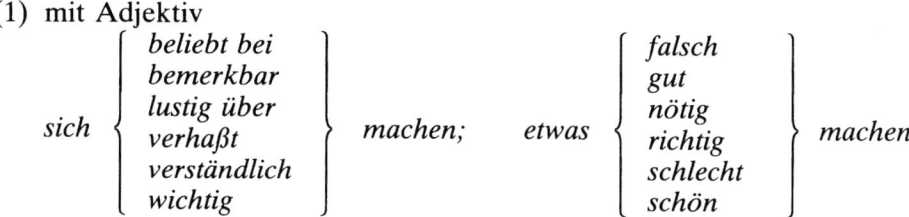

Mit solchen Tabellen kann man eine große Menge an Sätzen und Wendungen bilden.

65

Beispiel 3:

Präpositionen

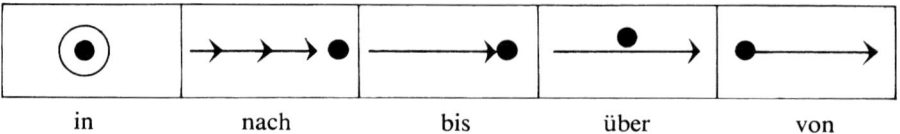

| in | nach | bis | über | von |

Vieles kann durch Zeichen und Skizzen ausgedrückt werden; Worte sind dann überflüssig.

2. Sehen Sie sich die folgende Darstellung der Präpositionen an. Wissen Sie, welche Präpositionen gemeint sind?

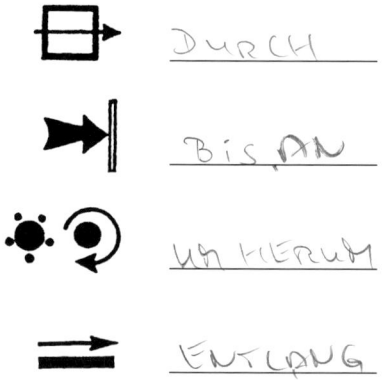

DURCH

BIS AN

UM HERUM

ENTLANG

3. Wenn Sie die folgenden Tabellen als Regel kürzer fassen wollten, wie würden Sie sie formulieren?

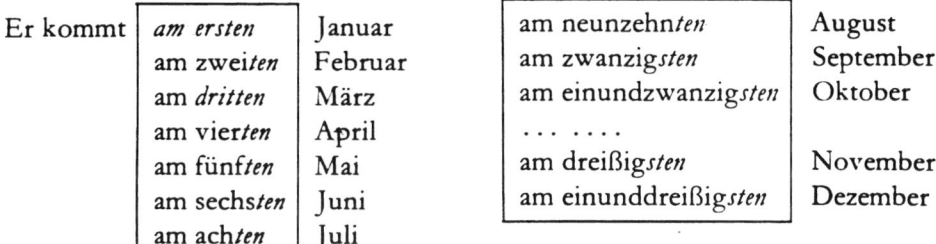

Er kommt

am ersten	Januar
am zwei*ten*	Februar
am *dritten*	März
am vier*ten*	April
am fünf*ten*	Mai
am sechs*ten*	Juni
am ach*ten*	Juli

am neunzehn*ten*	August
am zwanzig*sten*	September
am einundzwanzig*sten*	Oktober
. . . .	
am dreißig*sten*	November
am einunddreißig*sten*	Dezember

Vergleichen Sie bitte Ihr Ergebnis mit dem der anderen KursteilnehmerInnen. Finden Sie gemeinsam die Form heraus, die Ihnen am besten zu sein scheint.

66

Tips für die Praxis im Kurs

Dieses Arbeitsblatt kann auf zwei verschiedene Arten von den KursteilnehmerInnen bearbeitet werden:

✘ Die KursteilnehmerInnen lesen in Einzelarbeit den Text und analysieren die
verschiedenen Beispiele. Danach tauschen sie in Partner- oder Gruppenarbeit ihre Ergebnisse aus.

✘ Der Kursleiter bzw. die Kursleiterin zeigt auf Folie nacheinander die verschiedenen Beispiele von Regelformulierungen. Die TeilnehmerInnen diskutieren, warum die jeweilige Form der Regelformulierung so gewählt wurde
und welche Vor- bzw. Nachteile sie hat.

In beiden Fällen können die TeilnehmerInnen abschließend beschreiben und
begründen, wie sie am liebsten für sich selbst Grammatikregeln notieren,
damit sie diese gut behalten.

25 Symbole in der Grammatik

1. Die Grammatik kann man manchmal sehr einfach durch kleine Skizzen erklären. Sie sind oft leichter verständlich als lange Beschreibungen.

Die folgenden Zeichen und Symbole treten relativ häufig auf, deshalb sollten Sie versuchen, sie sich zu merken.

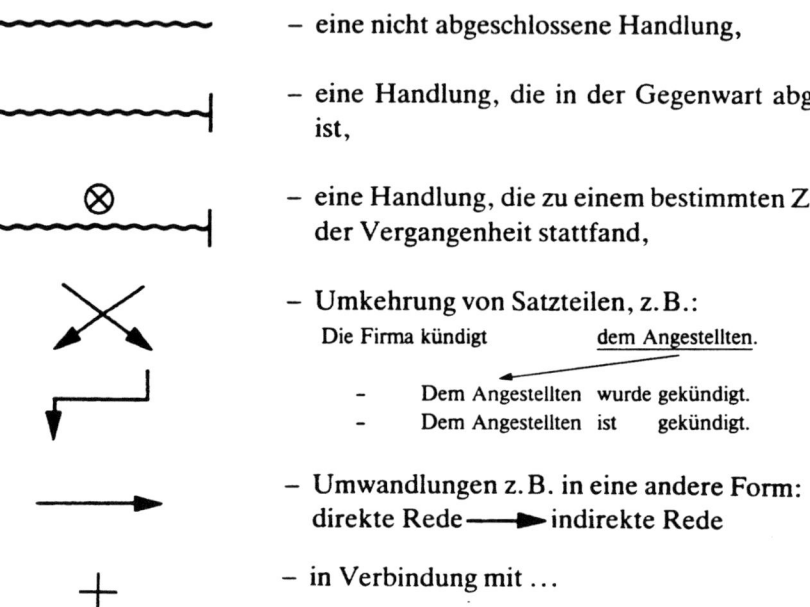

    – eine nicht abgeschlossene Handlung,

    – eine Handlung, die in der Gegenwart abgeschlossen ist,

    – eine Handlung, die zu einem bestimmten Zeitpunkt in der Vergangenheit stattfand,

    – Umkehrung von Satzteilen, z.B.:

        Die Firma kündigt   dem Angestellten.

          -    Dem Angestellten wurde gekündigt.
          -    Dem Angestellten ist   gekündigt.

    – Umwandlungen z.B. in eine andere Form: direkte Rede ⟶ indirekte Rede

    – in Verbindung mit ...

Querverweise von einem Kapitel der Grammatik zum anderen sehen oft so aus:

Man unterscheidet folgende *Tempora*:	
– *Präsens* (Gegenwart)	(▷ § 53)
– *Futur I* und *II* (Zukunft)	(▷ §§ 60 f.)
– *Perfekt, Präteritum, Plusquamperfekt* (Vergangenheit)	(▷ §§ 54 ff.)
Und man unterscheidet folgende *Modi*:	
Indikativ, Imperativ, Konjunktiv	(▷ §§ 21 ff.).

2. Bitte nehmen Sie nun Ihre Grammatik oder Ihr Grammatikheft bzw. Ihr Lehrbuch zur Hand. Finden Sie heraus, ob und wo diese oder ähnliche Zeichen und Symbole auftreten. Enthält das Buch vielleicht auch noch andere Zeichen? Dann notieren Sie sie bitte.

Zeichen	Bedeutung des Zeichens
...	u.s.w.

Tips für die Praxis im Kurs

✗ Der Kursleiter bzw. die Kursleiterin stellt von diesem Arbeitsblatt eine Overheadfolie her und zeigt zunächst die Zeichen aus Teil 1. Die KursteilnehmerInnen stellen Vermutungen über deren Bedeutung an. Danach erhalten sie die Erklärung.

✗ Im 2. Teil des Arbeitsblattes suchen die KursteilnehmerInnen so viele Symbole und Zeichen in ihren Lernmaterialien wie möglich. Nach dem Sammeln in Einzelarbeit werden diese Zeichen und Symbole im Plenum besprochen.

26 Ausdrücke aus der Grammatik

Um in einer Grammatik rasch etwas zu finden, sollte man das richtige Stichwort kennen. Eine Liste von Begriffen kann beim Nachschlagen nützlich sein. Sie kann auch die Basis bieten für die Strukturierung einer Grammatikkartei.

	Muttersprache	Beispiel
Adjektiv		
Akkusativ		
Angaben		
Artikel		
Dativ		
Deklination		
Ergänzungen		
Futur		
Genitiv		
Hilfsverben		
Imperativ		
indirekte Rede		
Infinitiv		
Komparativ		
Konjunktionen		
Konjunktiv		
Modalverben		
Nebensatz		
Negation		
Partizip		
Passiv		
Perfekt		
Plusquamperfekt		
Possessivartikel		
Präpositionen		
Präsens		
Präterium		
Pronomen		
Reflexivpronomen		
Relativsatz		
Steigerung		
Superlativ		
trennbare Verben		
Verben		

Erstellen Sie nach diesem Muster Ihre Liste.

Übersetzen Sie die Begriffe in Ihre Muttersprache und finden Sie deutsche Beispielsätze dazu. Vergleichen Sie Ihre Ergebnisse mit denen der anderen KursteilnehmerInnen. Müssen Sie etwas verändern? Können Sie etwas ergänzen?

Tip

Hängen Sie das ausgefüllte Blatt an Ihrem Lernort auf. So können Sie schnell etwas nachsehen.

Tips für die Praxis im Kurs

✗ Die KursteilnehmerInnen sammeln zunächst in Kleingruppen oder Partnerarbeit grammatische Termini, die sie bereits aus dem Deutschunterricht kennen.

✗ Dann vergleichen und besprechen sie ihre Ergebnisse im Plenum und ergänzen ggf. ihre Sammlung mit den Termini auf dem Arbeitsblatt.

✗ Abschließend erstellt jeder Kursteilnehmer bzw. jede Kursteilnehmerin eine alphabetisch geordnete Auflistung wie auf dem Arbeitsblatt, trägt die muttersprachliche Übersetzung und zu jedem Terminus einen deutschen Beispielsatz ein. Die Beispielsätze können im Plenum besprochen werden.

27 Grammatikregeln nachschlagen

1. Untersuchen Sie bitte anhand der folgenden Liste und Ihrer Lernmaterialien, wo Sie überall Grammatikregeln nachschlagen können. Bitte kreuzen Sie das für Sie Zutreffende an.

   - ☒ Einzelübersichten in meinem Lehrbuch
   - ☒ zusätzliches Arbeitsbuch
   - ❏ buchunabhängige Grammatik
   - ❏ grammatisches Beiheft zum Lehrbuch
   - ❏ persönliches Grammatikheft
   - ❏ persönliche Grammatikkartei
   - ☒ Wörterbuch
   - ❏ grammatischer Anhang im Lehrbuch
   - ❏ ...

2. Um in einer Grammatik etwas Bestimmtes zu finden, gibt es zwei Wege:

   - Über das Inhaltsverzeichnis der Grammatik, das nach Kapiteln gegliedert ist. Die wichtigsten Kapitel behandeln die Verben, Nomen, die Pronomen, die Präpositionen und die Konjunktionen.

   - Über das Sachregister am Ende der Grammatik, das alphabetisch geordnet ist.

   Für beide Verzeichnisse sollte man die wichtigsten Grammatikbegriffe kennen oder die Liste vom Arbeitsblatt 26 griffbereit zum Nachschauen haben.

Inhaltsverzeichnis

Imperativ

76 Formen

	gehen	handeln	lesen	sein
du-Form	Geh(e)!	Handle!	Lies!	Sei ohne Sorge!
ihr-Form	Geht!	Handelt!	Lest!	Seid ohne Sorge!
Sie-Form	Gehen Sie!	Handeln Sie!	Lesen Sie!	Seien Sie ohne Sorge!
Wir-Form	Gehen wir!	Handeln wir!	Lesen wir!	Seien wir ohne Sorge!

Die du-Form kann man bilden vom Infinitiv ohne das -n der Infinitivendung.
In vielen Fällen, vor allem bei kurzen Verbformen, wird auch das -e der Infinitivendung
weggelassen: Komm! Sag! Glaub mir!

Die starken Präsensformen auf -i- bilden den Imperativ in der du-Form nach der 2. Person
Sing. durch Streichung des Pronomens und der Endung: du nimmst = nimm! du ißt = iß!

Die ihr-Form entspricht ausnahmslos der 2. Person Plural ohne Pronomen: Seht!

Die Sie- und wir-Form entsprechen beide den Personalformen mit Verb in Erststellung:
Erzählen Sie! Sagen wir nichts!

Neben der wir-Form gibt es eine Form der Selbstaufforderung mit lassen:
Unter Einschluß eines einzigen Partners: Laß uns endlich zur Sache kommen!
Bei mehreren Beteiligten: Laßt uns nach Haus gehen!

3. Suchen Sie bitte in Ihren Lernmaterialien die Regeln zu den folgenden Grammatikkapiteln:

Grammatikkapitel	benutztes Lernmaterial	Seite
1. *Wortstellung* im Deutschen		
2. das Verb *haben*		
3. der *Dativ* im Deutschen		

Wenn Sie im Team mit anderen zusammenarbeiten, geht es leichter!

Tips für die Praxis im Kurs

✗ Die KursteilnehmerInnen überprüfen in Einzelarbeit, welche Lernmaterialien ihnen zur Verfügung stehen und vergleichen danach ihre Ergebnisse.

✗ Anhand der Abbildung eines Inhaltsverzeichnisses und eines Registers erklärt der Kursleiter bzw. die Kursleiterin am Beispiel des Imperativs, wie man etwas auffinden kann.

✗ Die KursteilnehmerInnen setzen sich zu zweit oder zu dritt zusammen, suchen gemeinsam die in 3. vorgegebenen Strukturen in ihren Lernmaterialien und erklären einander ihre Vorgehensweise.

✗ In einer späteren Kursstunde kann der Kursleiter bzw. die Kursleiterin eine ähnliche Aufgabe zum nochmaligen Üben stellen.

 **28** # Grammatikregeln selbst entwickeln

Sicher haben Sie sich auch schon Ihre eigenen Grammatikregeln gemacht. Erinnern Sie sich noch, welche das waren? Notieren Sie sie bitte.
...

Fragen Sie auch die anderen KursteilnehmerInnen. Erklären Sie sich gegenseitig Ihre Regeln.

Schritte zur eigenen Regel

1. Wenn Sie eine Grammatikregel zu einer bestimmten Struktur selbst herausfinden möchten, sammeln Sie zunächst mehrere Beispiele. Etwa so zum Partizip II: gearbeitet, gemacht, getanzt, gelacht.

2. Ordnen Sie die Beispiele so an, daß vergleichbare Teile untereinander stehen:
   ge arbeitet
   ge mach t
   ge tanz t
   ge lach t

3. Versuchen Sie, durch Markierungen und Hervorhebungen wichtige Elemente zu verdeutlichen. Suchen Sie auch geeignete Grammatikbegriffe dazu:
   ge+   Wortstamm   +   **t**   =   Partizip II

4. Wie würde Ihre Regel für die Bildung des Partizips II bei regelmäßigen Verben lauten?
   ...

5. Sammeln Sie Ausnahmen zu dieser Regel. Falls sich diese häufen, prüfen Sie, ob Sie sich durch eine weitere Regel vielleicht das Lernen erleichtern können. Gehen Sie dabei vor wie oben.

Tips für die Praxis im Kurs

✗ Zum Einstieg erinnert der Kursleiter bzw. die Kursleiterin an die Grammatikkapitel der letzten Lektionen. Auf die Frage, was man besonders schlecht bzw. besonders gut behalten konnte, ergibt sich die Frage nach der Art und Weise, wie man versucht hat, sie sich zu merken.

✗ Danach erfolgt die Bearbeitung des Arbeitsblattes in Kleingruppen. Das Arbeitsblatt Nr. 29 „Eselsbrücken" schließt sich an.

29 Eselsbrücken

Reime, Gedichte und Merkverse erleichtern das Behalten, besonders dann, wenn sie lustig und amüsant sind. Kennen Sie Eselsbrücken zum Deutschlernen? Notieren Sie einige Beispiele.

...

Hier sind ein paar Merkverse und Reime, die Ihnen vielleicht Spaß machen und außerdem helfen können, bestimmte Lernprobleme leichter zu behalten.

Ö
Auf einem O
saß einst ein Floh
und tat, als sei das üblich so.

Da sprang ein zweiter Floh hinzu
zum Rendezvous.

Jetzt saßen auf dem O
zwei Flöh
und machten aus dem O
ein Ö.

Helmut Höfling

Nach *l*, *m*, *n*, *r*, das merk Dir ja,
steht nie *tz* und nie *ck*.

Gar nicht wird gar nicht zusammengeschrieben.

-chen und *-lein* macht alles klein.

Vor *l*, *m*, *n* und *r*, das merke ja,
steht ziemlich oft das Dehnungs -*h*.

Wer *nämlich* mit *h* schreibt
ist dämlich.

Tips für die Praxis im Kurs

✘ Zum Einstieg erläutert der Kursleiter bzw. die Kursleiterin die Bedeutung von Reimen und Versen als Eselsbrücken zum besseren Behalten. Als Beispiel nennt er/sie den letzten Reim des Arbeitsblattes, der relativ bekannt ist.

✘ Die KursteilnehmerInnen lesen nun die anderen Texte. Sie suchen danach Beispiele für die Regeln, die sich in einigen Reimen verstecken.

✘ Die KursteilnehmerInnen sammeln nun in Kleingruppen weitere Eselsbrücken, die sie schon kennen und/oder die sie selbst gemacht haben. Diese werden danach in Einzelarbeit auf bunte Zettel geschrieben (am besten für jede Kategorie, wie z.B. Grammatik, Orthographie, eine andere Farbe).

✘ Die Sammlung wird nun im Plenum vorgelesen, besprochen und für längere Zeit an die Wand des Kursraumes gehängt.

30 Deutsch international

In den europäischen Sprachen existieren viele Wörter, die international verständlich sind. Dazu gehören z.B.: Telefon – Kino – Kaffee. Im Vergleich der Sprachen unterscheiden Sie sich nur wenig und werden daher leicht von allen verstanden. Nutzen Sie dies als „Trick" beim Lernen und Sprechen.

1. Lesen Sie den folgenden Text und unterstreichen Sie diejenigen Wörter, die Sie als international verständlich einschätzen.

Im Flughafen Frankfurt Main können Sie in den Duty Free Shops Tabakwaren, Accessoires, Spirituosen, Parfümerien und Kosmetika preisgünstig zoll- und steuerfrei einkaufen. Bitte, beachten Sie, daß Ihnen die Waren unter Zollverschluß ausgehändigt werden. Eine Weitergabe an Dritte sowie das Öffnen der Pakete vor dem Verlassen des Bundesgebietes ist nicht gestattet. Auswahl aus unserem Sortiment. Preisänderungen vorbehalten.

2. Auch wenn Sie kein Spanisch, Englisch oder Französisch können, verstehen Sie in den folgenden drei Texten einige Wörter. Unterstreichen oder markieren Sie diese bitte.

En nuestras tiendas Libres de Impuestos Vd. puede comprar tabaco, bebidas, artículos de perfumería y productos de belleza a precios ventajosos exentos de derechos de Aduana y de Impuestos. Estos artículos solo se venden para la exportacíon. No se permite la entrega de los mismos a terceras personas, ni usarlos antes de abandonar el territorio Nacional. Elija en nuestro abundante surtido. Nuestros precios pueden ser modificados sin previo aviso.

At the Duty Free Shops of Frankfurt Main Airport you have the opportunity to buy cigarettes, cigars, accessories, liquors, perfumes and cosmetics, duty and tax free at reduced prices. Please take note that the goods will be handed to you bonded. Passing on to third persons as well as the opening of the bags before leaving the Federal Republic of Germany is not permitted. Selection of our assortment. Prices subject to change without notice.

Dans les Duty Free Shops de L'Aéroport de Frankfurt Main vous pouvez acheter du tabac, des accessoires, des alcools, des articles de parfumerie et des produits de beauté à des prix avantageux exempts de droits de douane et d'impôts. Ces marchandises ne vous seront remises que sous douane. Il ne vous est pas permis de donner ces paquets à une tierce personne, ni de les ouvrir avant d'avoir quitté le territoire national. Choix de notre assortiment. Sous réserve de modification des prix.

3. Wie lauten diese Wörter in Ihrer Muttersprache? Gibt es Ähnlichkeiten?

...

Stellen Sie eine Liste mit deutschen Wörtern zusammen, die man als Internationalismen bezeichnen kann. Diese Wörter brauchen Sie dann kaum noch zu lernen.

...

Tips für die Praxis im Kurs

✗ Der Kursleiter bzw. die Kursleiterin erläutert einleitend die häufigen Ähnlichkeiten zwischen Wörtern verschiedener Sprachen und weist insbesondere auf international gleiche oder ähnliche Wörter hin. Die KursteilnehmerInnen sammeln danach Beispiele, die an die Tafel geschrieben werden.

✗ Die KursteilnehmerInnen bearbeiten die Aufgabe 1 und ergänzen die Liste an der Tafel.

✗ Anschließend bearbeiten sie Aufgabe 2.

✗ In Aufgabe 3 sollen die gefundenen Internationalismen mit der Muttersprache der TeilnehmerInnen verglichen werden. Sprecher gleicher Sprachen setzen sich dazu in kleine Gruppen zusammen. Die Ergebnisse werden abschließend im Plenum vorgestellt und besprochen. Dabei kann das Ableiten deutscher Wörter von der Muttersprache als weitere Erschließungstechnik bewußtgemacht werden.

Dieses Arbeitsblatt steht im Zusammenhang mit dem Arbeitsblatt Nr. 31 „Wörter erfinden".

31 Wörter erfinden

1. Beim Sprechen einer Fremdsprache passiert es immer wieder, daß man vergeblich ein bestimmtes Wort sucht. Sicher haben Sie auch schon Tricks herausgefunden, um in solchen Situationen trotzdem das Gespräch fortsetzen zu können. Welche Tricks benutzen Sie?
...
Vergleichen Sie Ihre Antworten mit den Tricks der anderen KursteilnehmerInnen.
Besprechen Sie die verschiedenen Möglichkeiten.

2. **Hier drei Vorschläge zum Ausprobieren:**

   1. Falls Ihre Muttersprache mit dem Deutschen verwandt ist, sollten Sie beim Auftreten von Kommunikationslücken versuchen, das betreffende Wort aus Ihrer Muttersprache deutsch auszusprechen. Wenn Sie Glück haben, errät Ihr Gesprächspartner Ihre Sprechabsicht, und das Gespräch kann fortgesetzt werden. Vielleicht ist Ihnen das schon einmal gelungen. Wissen Sie noch, um welches Wort es ging?

Wort aus der Muttersprache	deutsches Wort
...	

   2. Sicherer ist Ihnen aber der Erfolg, wenn Sie systematisch vorgehen. Beim Beobachten der Sprache werden Sie entdecken, daß es auch im Deutschen Wortelemente gibt, die dem eigentlichen Kern des Wortes, dem Wortstamm, eine ganz bestimmte Bedeutung geben. Diese Elemente sind zum Beispiel Vorsilben und Nachsilben.

Vorsilben

er- drückt aus, daß etwas zu etwas wird,
daß jemand/etwas eine bestimmte Eigenschaft annimmt
z.B.: er-kalten
    er-blassen
    er-blinden
    er-kranken
    er-röten

er- drückt aus, daß jemand durch eine Handlung oder einen Denk-
prozeß ein bestimmtes Ergebnis erreicht
z.B.: er-bitten
    er-lernen
    er-rechnen
    er-wandern

er- drückt aus, daß ein Vorgang beginnt,
daß etwas beginnt, irgendeine Reaktion zu zeigen
z.B.: er-beben
    er-glänzen
    er-wärmen
    er-strahlen

ent- drückt aus, daß etwas von etwas weggenommen/befreit wird
z.B.: ent-fernen
    ent-korken
    ent-knoten

ent- drückt aus, daß eine Bewegung/Handlung aus der Richtung von
jemandem kommt
z.B.: ent-fliehen
    ent-stammen
    ent-steigen

ent- drückt aus, daß sich die Richtung einer Bewegung/Handlung von
jemandem wegbewegt
z.B.: ent-eilen
    ent-laufen
    ent-schwinden

Welche anderen Vorsilben kennen Sie im Deutschen? Sammeln Sie bitte mindestens drei Beispiele und notieren Sie, was sie bedeuten. Falls Sie ein einsprachiges Wörterbuch zur Verfügung haben, schlagen Sie dort einmal nach.

Vorsilbe	Bedeutung
...	

Vergleichen Sie Ihre Beispiele mit denen der anderen KursteilnehmerInnen. Wie viele verschiedene Vorsilben haben Sie gemeinsam entdeckt?

Notieren Sie nun so viele Wörter mit jeder Ihrer Vorsilben, wie Ihnen einfallen. Sie werden sofort erkennen, wie groß die Zahl der Vokabeln ist, die Sie nicht mehr neu zu lernen brauchen.

...

Nachsilben

Erinnern Sie sich noch an diese Eselsbrücke?

-chen und *-lein*
macht alles klein!

Also zum Beispiel:

Kind - chen	Kind - lein
Heft - chen	Heft - lein
Lied - chen	Lied - lein

Welche anderen Nachsilben fallen Ihnen noch ein? Notieren Sie drei Beispiele und ihre Bedeutungen.

Nachsilbe	Bedeutung
...	

Vergleichen Sie Ihre Beispiele mit denen der anderen KursteilnehmerInnen.

Wie viele Wörter mit diesen Nachsilben fallen Ihnen ein? Notieren Sie sie bitte.

...

3. „Donaudampfschiffahrtsgesellschaftskapitän"
    Es stimmt, manche deutschen Wörter sind Monster, weil sie mehrfach zusammengesetzt sind. Für das Verstehen und Lernen kann das aber ganz hilfreich sein. Wenn man nämlich die Bedeutung eines Elementes kennt, versteht man oft auch den unbekannten Teil des Wortes.

    Beispiele:

Waschbecken	waschen + Becken
Tischdecke	Tisch + Decke
Springbrunnen	springen + Brunnen
Sonnenschein	Sonne + scheinen

    Welches sind die längsten zusammengesetzten deutschen Wörter, die Sie kennen? Aus welchen Einzelwörtern bestehen sie?
    ...

Tips für die Praxis im Kurs

Dieses Arbeitsblatt soll die KursteilnehmerInnen anregen, auf der Metaebene über die Sprache nachzudenken. Sie werden erkennen, wie sie eine gewisse Selbständigkeit im Umgang mit der Sprache erzielen können.
Die KursteilnehmerInnen lesen die einzelnen Aufgaben, notieren ihre Antworten und vergleichen sie mit zwei oder drei anderen KursteilnehmerInnen.
Bei der Bearbeitung von Aufgabe 1 sollte genügend Zeit zur Verfügung stehen. Es reicht aus, wenn jede(r) zunächst nur ein Beispiel geben kann.
Die Darstellung der Vorsilben in Aufgabe 2 sollte vom Kursleiter bzw. von der Kursleiterin erläutert werden.

Als Ergänzung bietet sich die Bearbeitung des Arbeitsblattes Nr. 32 „Wortverwandtschaften" an.

32 Wortverwandtschaften

Die Menge der deutschen Vokabeln mag manchmal erschlagend wirken. Es gibt jedoch viele Wörter, die man gar nicht besonders lernen muß, weil man sie schon kennt.

1. Lesen Sie bitte den folgenden Zeitungsartikel. Gibt es Wörter, die auch in Ihrer Muttersprache benutzt werden? Unterstreichen Sie sie bitte.

„Le leitmotiv" und das „Snitsel"

In ausländischen Sprachen werden viele Wörter aus dem Deutschen übernommen

Wiesbaden (dpa) – Das im Türkischen gebräuchliche Wort „vasistas" entspricht nicht dortigem Idiom: Es ist vielmehr der deutschen Frage „Was ist das?" entnommen, bedeutet Schiebefenster oder Guckloch und taucht auch im Italienischen und Französischen auf. Diese „Leihgabe" nennt die Gesellschaft für Deutsche Sprache (GfdS) in Wiesbaden in einer Sammlung von deutschem Wortgut in Nachbarsprachen. Sehr aufnahmefreudig seien die slawischen Sprachen. Dagegen hätten romanische Sprachen zwar andere Sprachen befruchtet, selbst aber verhältnismäßig wenig Wortgut von außen übernommen. In diesen Sprachen nennt eine von der Sprachgesellschaft aufgestellte Rangliste der „erfolgreichsten Germanismen in Nachbarsprachen" für das Französische nur vier Wörter: „le blockhaus" (kleiner Bunker), „l'ersatz" (ironisch beispielsweise für Kunsthonig oder Malzkaffee), „le kirsch" (Kirschwasser) und „le leitmotiv" (fixe Idee). Das Italienische bediente sich deutscher Ausdrücke bei „birra" (Bier), „crauti" (Sauerkraut), „spec", „würstel", „stocccafisso" (Stockfisch), „kaputt", „valzer" und „scherzare" (scherzen).
Spitzenreiter der deutschen Wörter, die am häufigsten übernommen wurden, sind „Nickel" und „Quarz".

2. Außer diesen Wörtern gibt es eine beträchtliche Anzahl von Wörtern, die Ähnlichkeiten in mehreren Sprachen aufweisen, z.B.:

Englisch	Französisch	Spanisch	Deutsch
six	six	seis	sechs
orange	orange	naranja	Orange
distance	distance	distancia	Distanz/Entfernung

Die Ähnlichkeiten bestehen meist im Bereich der Aussprache oder der Schreibweise, manchmal in beidem.

3. Welche Wörter kennen Sie in Ihrer Muttersprache, die Ähnlichkeit mit dem Deutschen haben?

Wort aus der Muttersprache	deutsches Wort	die Ähnlichkeit besteht in	
		Aussprache	Schreibweise
		❏	❏
		❏	❏
		❏	❏
		❏	❏
		❏	❏

4. Kennen Sie auch deutsche Wörter, die in anderen Fremdsprachen – vielleicht in veränderter Form/Bedeutung – benutzt werden? Notieren Sie bitte, was Ihnen einfällt.

andere Fremdsprache	Wort aus dem Deutschen
...	

Tips für die Praxis im Kurs

Dieses Arbeitsblatt steht in engem Zusammenhang mit dem Arbeitsblatt Nr. 31 „Wörter erfinden".

✗ Die KursteilnehmerInnen lesen nach den einführenden Erläuterungen durch den Kursleiter bzw. die Kursleiterin den Zeitungsartikel. Falls dieser zu schwierig ist, sollte er inhaltlich zusammengefaßt werden. Dabei werden die Beispielwörter aus anderen Sprachen an die Tafel geschrieben.

✗ Die KursteilnehmerInnen vergleichen die Beispiele nun mit entsprechenden Wortbildungen in ihrer Muttersprache und ergänzen so die Liste an der Tafel.

✗ In den Aufgaben 2-4 sammeln die KursteilnehmerInnen dann einzelne Beispiele in Gruppenarbeit und vergleichen sie im Plenum. Für die Aufgabe 3 müssen in multinationalen Kursgruppen die TeilnehmerInnen – wenn möglich – mononationale Arbeitsgruppen bilden.

33 Abschreiben – aufschreiben – kontrollieren

Das Abschreiben von Wörtern und Texten ist für visuell veranlagte LernerInnen recht hilfreich – vorausgesetzt, Sie konzentrieren sich während des Schreibvorganges auch wirklich auf die Rechtschreibung und die Bedeutung. Wenn Sie sich ablenken lassen oder den Text gedankenlos und mechanisch wiedergeben, ist das vergeudete Zeit.

1. Wozu könnte das konzentrierte Abschreiben von Wörtern und Texten nach Ihren Erfahrungen nützlich sein?

   ...

   Diskutieren Sie diese Frage auch mit den anderen KursteilnehmerInnen.

   Zum Zwecke der Übung kann man einen Text auch auswendig, d.h. ohne Vorlage, aufschreiben. Das ist eine anspruchsvolle, aber recht wirksame Übung, wenn man anschließend das Aufgeschriebene genau kontrolliert.

2. Notieren Sie bitte in Stichworten, worauf man achten muß, wenn man wirklich einen fehlerlosen Text verfassen möchte:

   ...

   Besprechen Sie Ihre Stichworte mit den anderen KursteilnehmerInnen. Vielleicht können Sie Ihre Liste noch ergänzen.

Tip

Künftig sollten Sie bei der Korrektur Ihrer Texte wie folgt verfahren: Lesen Sie Ihren Text mehrfach durch, und wählen Sie dabei jedesmal einen anderen Aspekt, unter dem Sie auf Fehlersuche gehen.

1. Durchgang: (Ihr erstes Stichwort)
2. Durchgang: (Ihr zweites Stichwort)
etc.

Falls Sie z.B. fünf Stichworte gesammelt haben, sollten Sie Ihre Texte künftig auch fünfmal durchlesen, jeweils unter einem anderen Aspekt.

Tips für die Praxis im Kurs

✗ Die KursteilnehmerInnen diskutieren in Kleingruppen verschiedene Gründe, die für konzentriertes Abschreiben sprechen. Sie thematisieren ggf. auch Probleme, die sie dabei haben.

✗ Zu den Stichworten, die zum fehlerlosen Schreiben gehören, nennen die KursteilnehmerInnen u.a. Orthographie, Grammatik, Ausdruck, Stilebene, Deutlichkeit der Schrift etc.

✗ Abschließend erarbeiten die KursteilnehmerInnen einen Merkzettel mit diesen Stichworten.

34 Die Fehlerstatistik

Manche Fehler macht man immer wieder – sowohl in der Rechtschreibung als auch in der Grammatik. Dem kann man nur abhelfen, indem man diese Fehler gezielt bearbeitet.

Sobald Ihnen auffällt, daß Sie etwas Bestimmtes immer wieder falsch machen, notieren Sie es auf einem Zettel. Nun aber in korrekter Form, wobei die Fehlerstelle unterstrichen wird:

linke Rubrik	rechte Rubrik
Ihr Wort oder die Wendung mit dem „ewigen" Fehler	Strichliste nach Häufigkeit des Fehlers: bei jedem Auftreten ein Strich

Eine Fehlerstatistik könnte so aussehen:

Meine Fehlerstatistik

eine Menge Leute _ist_ . . .	ЦЖ
größer _als_ ich	ЦЖ I
die Hemde_n_	ЦЖ IIII
ein_ige_	III
ich rufe in _der_ Küche an	ЦЖ II

Hängen Sie Ihre Fehlerstatistik an einem Ort auf, den Sie häufig im Blick haben. Dazu eignet sich z.B. eine Wand Ihrer Lernecke. Nach einiger Zeit können Sie die ersten Fehler wieder aus der Statistik streichen. Vielleicht sind inzwischen aber andere hinzugekommen.

Tips für die Praxis im Kurs

✗ Die KursteilnehmerInnen lesen die Darstellung auf dem Arbeitsblatt.

✗ Sie besprechen untereinander das Verfahren der Fehlerstatistik.

✗ Jeder Kursteilnehmer bzw. jede Kursteilnehmerin erstellt schließlich die eigene Fehlerstatistik.

 # 35 Die Vokabelkartei

Eine Lerntechnik, die das Einprägen der deutschen Vokabeln erleichtern kann, ist die Arbeit mit der Vokabelkartei.

So kann die Vokabelkartei hergestellt werden:

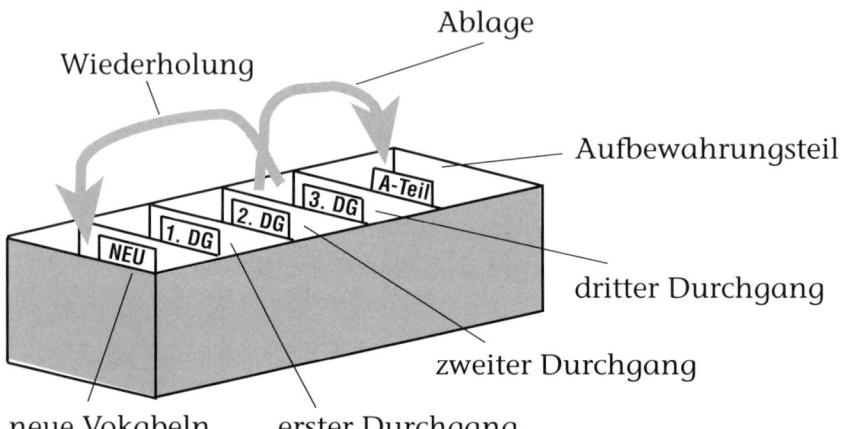

In jedem Kaufhaus oder im Schreibwarenladen gibt es Karteikarten in verschiedenen Größen. (Günstig ist das Format DIN A 7, das am Anfang völlig ausreicht.) Dazu passend findet man kleine Kunststoffboxen sowie ein alphabetisches Register. Will man diese Kosten vermeiden, geht es auch mit selbstgeschnittenen Zetteln und einer leeren Teebeutelschachtel als Behälter.

So kann die selbstgemachte Karteikarte beschriftet werden:

Auf die Rückseite der Karteikarte schreibt man die Übersetzung in die Muttersprache.

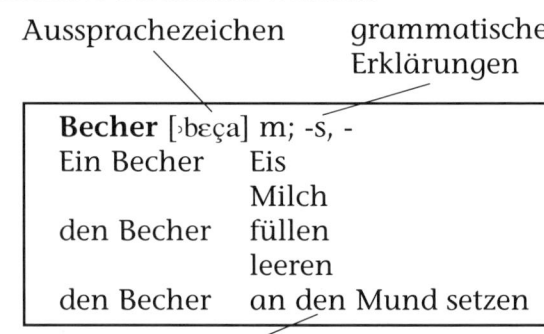

Aussprachezeichen   grammatische Erklärungen

Becher [ˈbɛça] m; -s, -	
Ein Becher	Eis
	Milch
den Becher	füllen
	leeren
den Becher	an den Mund setzen

Beispiele für den Gebrauch

Je nach Gestaltungsfreude können Sie die einzelnen Karten auch mit Dekorationen versehen.

Notieren Sie bitte, wie Sie Vokabeln lernen (z.B. ob Sie eine Liste mit den neuen Vokabeln anlegen, wie oft Sie die Vokabelliste durchgehen, ob Sie etwas kennzeichnen, ob Sie laut oder leise lernen etc.)
...

Vergleichen Sie Ihre Lernprozesse mit denen der anderen KursteilnehmerInnen und sprechen Sie darüber.

Zum Vokabellernen bieten sich vielfältige Schritte an. Überprüfen Sie bitte, welche Sie nie durchlaufen und überlegen Sie sich, ob Sie Ihre bisherigen Lernverfahren ergänzen möchten.

Checkliste zum Vokabellernen

❏ Auswahl der neuen Vokabeln: Etwa 5 – 10 Wörter als Lerneinheit sind genug, wenn Sie regelmäßig und systematisch vorgehen.

❏ Abschreiben der Vokabeln: Eintrag in die Vokabelkartei oder ins Vokabelringbuch.

❏ Einprägen: Mehrmaliges (halb-)lautes Vor-sich-hin-Sprechen der neuen Vokabeln.

❏ Markieren der schwierigen Vokabeln, Aussondern der verfügbaren Vokabeln.

❏ schriftliche Kontrolle: Aufschreiben der neuen Vokabeln und Überprüfung der Korrektheit (Schreibweise, Bedeutung).

❏ Übungssätze mit den neuen Vokabeln bilden: Halblaut sprechen oder niederschreiben.

❏ eigene Wortschatzübungen anhängen.

❏ (sonstige Lernschritte)

Sprechen Sie mit den anderen KursteilnehmerInnen über diese Lernschritte.

Die Arbeit mit einer Vokabelkartei

1. Schreiben Sie jede neue Vokabel, die Sie lernen möchten, auf eine Karteikarte. Fügen Sie ggf. Hinweise zur Grammatik oder zur Aussprache hinzu.

2. Wenn möglich, ergänzen Sie Wendungen mit dem betreffenden Wort.

3. Schreiben Sie die Übersetzung in Ihre Muttersprache auf die Rückseite.

4. Nehmen Sie zum Lernen die gewünschte Menge an Vokabelkarten und prägen Sie sich diese konzentriert ein.

5. Die Vokabeln, die Sie nicht behalten können, sortieren Sie aus und arbeiten eine Zeitlang nur mit diesen weiter. Die übrigen legen Sie im hinteren Teil Ihrer Lernkartei ab.

6. Bei der Wiederholung der Vokabeln zu einem späteren Zeitpunkt prüfen Sie, welche Vokabeln Sie noch nicht beherrschen und sondern wieder diejenigen aus, bei denen Sie sich ganz sicher sind.

7. Mit den übrigen Karten arbeiten Sie nun weiter. Nach dem mündlichen Wiederholen sollten Sie die Wörter nun auch aufschreiben und danach auf ihre Richtigkeit hin überprüfen. Eventuell müssen Sie diese Übung mehrfach wiederholen.

8. Zu einem viel späteren Zeitpunkt könnten Sie wie folgt weiterüben:
   • sinngemäß zueinander passende Wörter zusammensuchen
   • zu jeder der gewählten Karten (mündlich und/oder schriftlich) Sätze bilden, vielleicht sogar eine Geschichte erfinden
   • neue und alte Karten gemeinsam wiederholen

9. Sobald Sie alle Vokabeln sicher beherrschen, können Sie sie alphabetisch einordnen.

10. Nach einem Lernjahr sollten Sie eine Generalwiederholung machen und dabei alle Karten aussortieren, die Sie nicht mehr wiederholen und üben müssen.

Tips für die Praxis im Kurs

✗ Die KursteilnehmerInnen notieren die verschiedenen Arten, auf die sie Vokabeln lernen. Sie setzen sich dann in Kleingruppen zusammen und tauschen ihre Erfahrungen und Gewohnheiten aus.

✗ Sie lesen einzeln die Checkliste zum Vokabellernen.

✗ Danach setzen sie sich wieder in Gruppen (neue Zusammensetzung) zusammen und besprechen das Für und Wider der einzelnen Lernschritte.

✗ Der Kursleiter bzw. die Kursleiterin zeigt das Modell einer Vokabelkartei und erläutert die Herstellung.

✗ Die KursteilnehmerInnen stellen in Gruppenarbeit die Elemente zusammen, die auf die Karten eingetragen werden sollen.

✗ Die KursteilnehmerInnen lesen die zehn Tips zur Arbeit mit der Vokabelkartei und besprechen die Arbeitsweise in Kleingruppen.

36 Das Vokabelringbuch

Das Vokabelringbuch ist – neben der Vokabelkartei – ein Hilfsmittel, sich das Vokabellernen zu erleichtern. Dadurch, daß die einzelnen Blätter immer wieder ausgetauscht, ergänzt und neu arrangiert werden können, macht es – wie die Vokabelkartei – ein flexibles Lernen möglich.

Das Vokabelringbuch enthält eine alphabetische Rubrik und eine, die nach Sachgebieten geordnet ist. Diese kann in folgende Themen gegliedert sein:

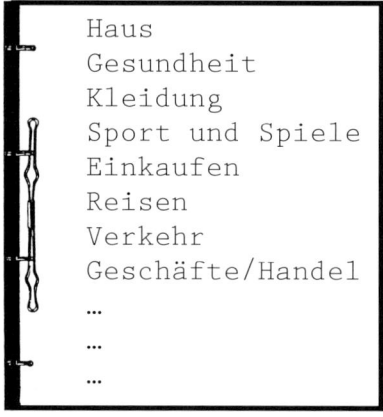

Notieren Sie, welche Sachgebiete Sie außerdem gerne noch ergänzen würden.

...

Überlegen Sie – am besten gemeinsam mit den anderen Kursteilnehmer-Innen –, wie Sie eine einzelne Ringbuchseite gestalten sollten. Entwickeln Sie gemeinsam eine Musterseite.

Tips für die Praxis im Kurs

✗ Der Kursleiter bzw. die Kursleiterin stellt ein Muster für ein Vokabelringbuch vor.

✗ Die KursteilnehmerInnen sammeln in Kleingruppen Themenfelder, die sie gerne in ihr Ringbuch aufnehmen möchten.

✗ In Partnerarbeit entwickeln sie die Gestaltung einer Ringbuchseite sowie die Systematik in dem Ringbuch.

37 Mit Vokabeln üben (1)

Auch wenn Sie die neuen Vokabeln einer Lektion gut gelernt haben und sie fehlerfrei benutzen, können diese dennoch sehr schnell wieder in Vergessenheit geraten. Ein nützliches Mittel gegen das Vergessen ist das häufige Wiederholen der Vokabeln in anderen Zusammenhängen.

Notieren Sie bitte, wie Sie bisher Vokabeln wiederholt haben bzw. wie Sie sie am liebsten wiederholen würden.

...

Hier eine Übung, die Sie selbst ohne Lehrer und ohne besondere Hilfsmittel durchführen können.

Wörtertreppe

Wörter mit ähnlicher Bedeutung werden in Form einer Steigerung angeordnet, z.B.:

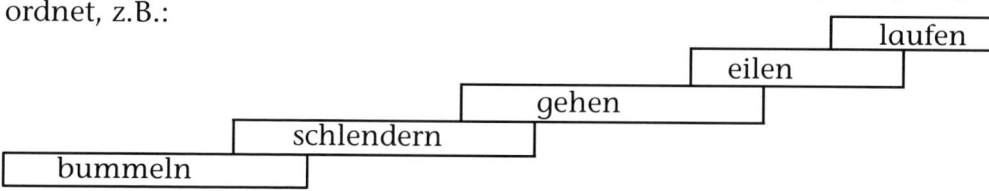

Probieren Sie es einmal mit den folgenden Wörtern

flüstern – häßlich – winzig – langweilig

und finden Sie so viele Stufen wie möglich.

Diese Übung funktioniert auch umgekehrt: von oben nach unten.

Tips für die Praxis im Kurs

✗ Die KursteilnehmerInnen sammeln die verschiedenen Arten, auf die sie üblicherweise Vokabeln wiederholen. Sie setzen sich in Kleingruppen zusammen und besprechen die verschiedenen Übungsformen.

✗ Sie lernen die Übungsform der „Wörtertreppe" kennen und erstellen in Partnerarbeit drei aufsteigende und danach drei absteigende Wörtertreppen.

Die Arbeitsblätter Nr. 38 und Nr. 39 „Mit Vokabeln üben" bieten sich für die Weiterarbeit an.

38 Mit Vokabeln üben (2)

Wortfelder zusammenstellen

Eine Übung, die die Anwendung der Vokabeln in echten Gesprächen vorbereitet, ist das Zusammenstellen von einzelnen Wörtern zu einem Wortfeld.

Man nimmt dazu ein beliebiges Wort, z.B. Tomaten, und ergänzt Begriffe, die dazu passen. Dann findet man für alle einen gemeinsamen Oberbegriff. In unserem Beispiel:

Gemüse → Tomaten
Erbsen
Bohnen
Möhren
Kohl

Zu diesem Oberbegriff sucht man andere vergleichbare Oberbegriffe, z.B.

Getränke → ...   **Brot** → ...

Finden Sie Unterbegriffe dazu.

Finden Sie weitere Wortfelder, die in diesen Sinnzusammenhang gehören, und notieren Sie die Unterbegriffe.

Nun erhält das gesamte Wortfeld eine gemeinsame Überschrift durch einen einzigen Begriff: in diesem Fall „Nahrungsmittel". Damit können Sie zunächst das Wortfeld abschließen und es als Vokabelsammlung in Ihr Vokabelringbuch oder Ihre Vokabelkartei eintragen.

Erarbeiten Sie bitte Wortfelder zu den folgenden Begriffen:
Fahrzeuge, Hobbys, Haus, Kleidung.

Je mehr Ober- und Unterbegriffe Sie dazu finden, desto höher ist der Übungseffekt.

Tips für die Praxis im Kurs

✘ Zur Einführung erläutert der Kursleiter bzw. die Kursleiterin die Bedeutung von selbständigem Üben für erfolgreiches Fremdsprachenlernen.

✘ Die KursteilnehmerInnen lesen das Arbeitsblatt. In Partnerarbeit erstellen sie die Wortfelder zu „Getränke" und „Brot".

✘ Die Wortfelder zu den Begriffen im letzten Teil des Arbeitsblattes können zum Teil während des Unterrichts, teils zu Hause oder auch in einer viel späteren Kursstunde erarbeitet werden. Im letzteren Fall ist Kleingruppenarbeit zu empfehlen.

 **Mit Vokabeln üben (3)**

Handlungskette

Bei dieser Wortschatzübung denken Sie sich eine beliebige Handlung aus, die aus vielen kleinen Teilschritten besteht.

Beispiel: **Die Zubereitung von Bratkartoffeln**
Ich gehe zum Markt.
Ich kaufe Kartoffeln ein.
Ich trage sie nach Hause.
Ich schäle die Kartoffeln.
Ich wasche sie in einer Schüssel.
Ich schneide sie in Scheiben.
Ich ...

Kennen Sie die Fortsetzung? Vervollständigen Sie dann bitte diese Anleitung.

Bei einer derartigen Wortschatzübung können die Einzelschritte so klein wie möglich gehalten werden.

Versuchen Sie einmal, Handlungsketten zu folgenden Fragen zu entwickeln:
• Was geschieht, wenn der Fernseher kaputtgeht?
• Auf welchem Wege gehen Sie zur Sprachenschule / zur Arbeit / ins Kino?
• Was geschieht, wenn es an Ihrer Haustüre klingelt?
• Wie gestaltet sich Ihr Feierabend?

Sie können diese Übungsform variieren, indem Sie die Teilschritte halblaut vor sich hin sprechen und/oder aufschreiben. Sie können außerdem alles in die Vergangenheit oder auch in die Zukunft setzen. Beginnen Sie dann z.B. mit: „Gestern ..." oder „Morgen ...".

Der Handlungsablauf sollte so einfach wie möglich sein. Wird er kompliziert, geht die Übung über das Vokabeltraining hinaus.

Tips für die Praxis im Kurs

Auch dieses Arbeitsblatt dient dazu, den KursteilnehmerInnen eine Möglichkeit zum Wiederholen von Vokabeln in anderen Zusammenhängen aufzuzeigen.

✘ Der Kursleiter bzw. die Kursleiterin erläutert nochmals die Bedeutung des Wiederholens mit Hilfe unterschiedlicher Übungsformen für den Lernerfolg.

✘ Der Kursleiter bzw. die Kursleiterin beschreibt eine Handlungskette mit Hilfe des genannten Beispiels im Arbeitsblatt (ggf. auf Overheadfolie). Gemeinsam wird diese Kette fortgesetzt und auf der Folie ergänzt.

✘ In Partner- oder Kleingruppenarbeit kann nun arbeitsteilig eine weitere Handlungskette erarbeitet werden. Das Arbeitsblatt macht Vorschläge zu geeigneten Themen. Zu einem späteren Zeitpunkt können die gleichen Themen von den anderen Gruppen bearbeitet werden. (Ggf. wird ein Thema zuvor für das häusliche Üben der TeilnehmerInnen aufgespart.)

Auswendiglernen (1)

Das Auswendiglernen von Texten ist eine altbewährte und heute noch anerkannte Strategie zum Lernen von Fremdsprachen. Es ist zwar recht anstrengend, da das Gedächtnis stark gefordert wird. Der Nutzen aber liegt darin, daß man ganze Satzstücke im Gedächtnis behält, selbst wenn der gesamte Text irgendwann einmal vergessen wird. Diese Textstücke können beim Sprechen rasch und flüssig reproduziert werden, ohne daß man sie Wort für Wort selbst neu konstruieren muß.

1. Selbstbeobachtung

Bitte lesen Sie den
folgenden Text, und
prüfen Sie, ob Sie
alles verstanden haben.

Familie Höpke,
2 Kinder (4 und 8 Jahre)
Familieneinkommen:
3900 DM pro Monat
Herr Höpke ist Postbeamter.
Frau Höpke ist Hausfrau.

Wir wohnen in Frankfurt, in Bockenheim. Unsere Wohnung ist nicht schlecht. Sie hat vier Zimmer, eine Küche, ein Bad und eine Gästetoilette. Sie liegt sehr günstig. Leider ist die Wohnung sehr laut, und sie hat keinen Balkon. Wir bezahlen 1730 Mark kalt. Ein Haus mit Garten ist unser Traum.] *Es gibt aber leider nur wenige Häuser. Und die sind fast immer sehr teuer und liegen auch meistens außerhalb. Mein Mann und ich, wir arbeiten beide in Frankfurt, und wir wollen hier auch wohnen. Eigentlich möchten wir gerne bauen, aber das geht nicht. In Frankfurt kann das niemand bezahlen.*

Lernen Sie bitte die 1. Hälfte des Textes auswendig. Beobachten Sie sich dabei selbst: Wie gehen Sie vor? Wie oft müssen Sie neu ansetzen? Prägen Sie sich ganze Sätze oder Satzteile ein? etc.

Notieren Sie bitte möglichst viele Einzelbeobachtungen, die Sie beim Auswendiglernen machen.

...

2. Tauschen Sie Ihre Beobachtungen und Erfahrungen beim Auswendiglernen mit den anderen KursteilnehmerInnen aus. Vielleicht können Sie Ihre Liste um einige neue Techniken erweitern. Vielleicht möchten Sie auch welche streichen.

Tips für die Praxis im Kurs

Ziel dieses Arbeitsblattes ist es, eigene Strategien beim Auswendiglernen bewußt zu machen und ggf. durch weitere Möglichkeiten anzureichern.

✘ Nach einer Einführung in die Funktion des Auswendiglernens beim Fremdsprachenlernen bearbeiten die KursteilnehmerInnen zunächst einzeln die erste Aufgabe. Wichtig ist, daß sie ohne Zeit- und Leistungsdruck arbeiten können.

✘ Für die zweite Aufgabe setzen sich die KursteilnehmerInnen in Kleingruppen zusammen. Sie schildern einander die eigenen Beobachtungen und diskutieren ihre Vor- und Nachteile.

✘ Abschließend werden die Diskussionsergebnisse im Plenum zusammengetragen. Hier hat der Kursleiter bzw. die Kursleiterin Gelegenheit, ergänzende bzw. korrigierende Hinweise zu geben.

Das Arbeitsblatt Nr. 41 „Auswendiglernen (2)" läßt sich ergänzend bearbeiten.

41 Auswendiglernen (2)

Abhängig vom Lernertyp lernen Menschen auf sehr unterschiedliche Arten auswendig. Manche benötigen einen Kassettenrekorder, um sich den Text immer wieder vorzuspielen. Andere sind eher visuell orientiert und machen sich ein „Bild" von dem zu lernenden Text.

Das folgende Verfahren ist ziemlich weit verbreitet. Es wendet sich an den letztgenannten Lernertyp.

1. Durchgang:
Lesen und Einprägen von kurzen Satzteilen.

> Wir wohnen in Frankfurt, in Bockenheim.
> Unsere Wohnung ist nicht schlecht. Sie hat vier Zimmer, eine Küche, ein Bad und eine Gästetoilette. Sie liegt sehr günstig. Leider ist die Wohnung sehr laut, und sie hat keinen Balkon. Wir bezahlen 1730 Mark kalt. Ein Haus mit Garten ist unser Traum. Es gibt aber leider nur wenige Häuser. Und die sind fast immer sehr teuer und liegen auch meistens außerhalb. Mein Mann und ich, wir arbeiten beide in Frankfurt, und wir wollen hier auch wohnen. Eigentlich möchten wir gerne bauen, aber das geht nicht. In Frankfurt kann das niemand bezahlen.

10 Sinneinheiten

2. Durchgang:
Lesen und Einprägen von längeren Satzteilen.

> Wir wohnen in Frankfurt, in Bockenheim.
> Unsere Wohnung ist nicht schlecht. Sie hat vier Zimmer, eine Küche, ein Bad und eine Gästetoilette. Sie liegt sehr günstig. Leider ist die Wohnung sehr laut, und sie hat keinen Balkon. Wir bezahlen 1730 Mark kalt. Ein Haus mit Garten ist unser Traum.

3 Sinneinheiten

3. Durchgang:
Lesen und Einprägen von Abschnitten.

> *Wir wohnen in Frankfurt, in Bockenheim.*
> *Unsere Wohnung ist nicht schlecht. Sie hat*
> *vier Zimmer, eine Küche, ein Bad und eine*
> *Gästetoilette.* *Sie liegt sehr günstig. Leider*
> *ist die Wohnung sehr laut, und sie hat kei-*
> *nen Balkon. Wir bezahlen 1730 Mark kalt.*
> *Ein Haus mit Garten ist unser Traum.*

1 Sinneinheit

4. Durchgang:
Auswendiges Sprechen/Schreiben des Textes, evtl. mit Abschlußkontrolle.

Probieren Sie das mit dem nebenstehenden Text selbst einmal aus.

> *Wir suchen eine Wohnung in Frankfurt. Wir*
> *haben eine in Steinheim, aber die hat nur*
> *drei Zimmer, ein Bad und eine Küche. Das*
> *ist zu wenig. Die Kinder möchten beide ein*
> *Zimmer haben. Die Wohnung ist nicht*
> *schlecht, und sie kostet nur 798 Mark. Aber*
> *ich arbeite in Frankfurt, und die Verkehrs-*
> *verbindungen von Steinheim nach Frank-*
> *furt sind sehr schlecht. Morgens und nach-*
> *mittags muß ich über eine Stunde fahren.*
> *Unter 1500 Mark bekommt man in Frank-*
> *furt keine 4-Zimmer-Wohnung. Das können*
> *wir nicht bezahlen. Trotzdem – wir suchen*
> *weiter. Vielleicht haben wir ja Glück.*

Tips für die Praxis im Kurs

Im Anschluß an das Arbeitsblatt Nr. 40 „Auswendiglernen (1)" verdeutlicht dieses Arbeitsblatt die wohl am weitesten verbreitete Art des Auswendiglernens in ihrem Ablauf.

✗ Die KursteilnehmerInnen lesen das Arbeitsblatt und diskutieren danach die eigenen Erfahrungen mit den vier Durchgängen beim Auswendiglernen. Wichtig ist, daß sie ihren Weg beibehalten, wenn sie ihn als besser erachten.

✗ Sie erproben nun mit dem restlichen Text den von ihnen neu gewählten bzw. bestätigten Weg.

103

42 Auswendiglernen (3)

Wenn Sie beim Auswendiglernen eines Textes eher dem Lernertyp zuneigen, der auf das Akustische angewiesen ist, dann sollten Sie die Technik des Nachsprechens, des Vorsprechens und des Mitsprechens praktizieren. Um diese Techniken zu erproben, benötigen Sie eine Tonkassette mit dem zu lernenden Text und einen Kassettenrekorder.

Das Nachsprechen geschieht, indem man sich einen kurzen Textabschnitt von der Kassette anhört, das Band stoppt und den Text halblaut spricht, wobei man das Klangmuster möglichst genau nachahmt.

Erproben Sie es mit einem deutschen Hörtext auf Kassette. Manchmal muß man den gesamten Vorgang mehrfach wiederholen.

Das Vorsprechen benutzt man, sobald man den Text schon ein wenig behalten hat. Man spricht einen Textabschnitt halblaut und hört ihn dann anschließend zur Kontrolle von der Tonkassette. So arbeitet man abschnittweise weiter bis zum Textende. Falls Unsicherheiten bestehen, muß der Lernvorgang wiederholt oder gar eine andere Lerntechnik eingesetzt werden.

Das Mitsprechen ist dann besonders nützlich, wenn man den Text eigentlich schon auswendig gelernt hat, aber hier und da noch kleinere Unsicherheiten bestehen. Man läßt die Kassette ablaufen und spricht parallel zum Kassettentext halblaut mit. Im Falle einer Unsicherheit tritt beim Sprechen eine kleine Verzögerung ein, die durch die Stütze der Kassette jedoch sofort aufgefangen wird.

Beispiel:

Tonband: Wir wohnen in Frankfurt, in Bockenheim.
Lerner: Wir wohnen in Frankfurt, in Bockenheim.

Man kann diese drei Techniken auch kombinieren mit denen, die mit einer Textvorlage arbeiten. (vgl. Arbeitsblatt Nr. 41 „Auswendiglernen (2)")

Tips für die Praxis im Kurs

Abhängig vom jeweiligen Lernertyp wird jeder Kursteilnehmer bzw. jede Kursteilnehmerin einen anderen Weg zum Auswendiglernen vorziehen. Das hier gezeigte Vorgehen wendet sich eher an auditiv geprägte LernerInnen, sollte jedoch einmal von allen ausprobiert werden.

✘ Der Kursleiter bzw. die Kursleiterin erläutert die drei genannten Verfahren und läßt sie dann von den KursteilnehmerInnen anwenden. Dies kann nur in Einzelarbeit durchgeführt werden, da es um persönliche Erfahrungen und Entscheidungen geht. Das bedeutet, daß für jeden Teilnehmer bzw. jede Teilnehmerin ein Abspielgerät zur Verfügung stehen muß. Da dies wohl in den meisten Fällen auf Schwierigkeiten stößt, sollten die TeilnehmerInnen zuvor gebeten werden, einen Walkman oder ähnliches mitzubringen. Auch geeignete Tonkassetten müssen in ausreichender Zahl vorhanden sein.

✘ Die KursteilnehmerInnen besprechen in Kleingruppen ihre Beobachtungen und Erfahrungen.

✘ Abschließend machen sie sich einen Merkzettel mit ihrer persönlichen Strategie zum Auswendiglernen.

43 Überfliegendes Lesen (1)

1. Menschen lesen aus den unterschiedlichsten Gründen die verschiedenartigsten Texte. Notieren Sie bitte, was Sie bei sich oder bei anderen beobachtet haben.

was jemand liest	wozu er es liest	
Krimi		❑
Sachbuch		❑
Roman		❑
Gedicht		❑
Lehrbuch		❑
Zeitung		❑
Werbeprospekt		❑

Abhängig von den Leseabsichten liest man einen Text rasch oder sehr genau und damit langsamer.
Kreuzen Sie in der Liste oben diejenigen Leseabsichten an, die ein rasches Lesen zur Folge haben.

Das rasche Lesen dient dazu, sich einen schnellen Überblick darüber zu verschaffen, worum es in dem Text geht. Dieses Lesen wird auch als überfliegendes Lesen bezeichnet, weil der Blick ihn nicht Wort für Wort und Zeile für Zeile abtastet. Statt dessen gleitet der Blick rasch über den Text und springt manchmal hin und her oder vor und zurück. Er bleibt dann an solchen Wörtern und Textmerkmalen hängen, die auffallen, die „ins Auge springen". Dabei ist die Hauptleserichtung von der linken oberen Ecke einer Seite zur rechten unteren Ecke.

Blickführung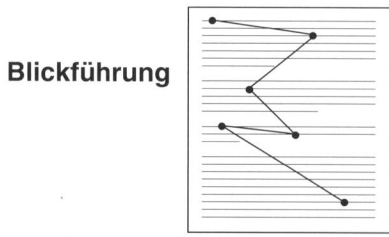

2. Probieren Sie das selbst einmal aus, und beobachten Sie Ihre Blickführung während des Lesens. Werfen Sie einen Blick auf den folgenden Text; lesen Sie ihn nur höchstens 3 - 4 Sekunden lang.

BAUMWOLLE

Neue Mode-Ideen
in den Farben Blau und Natur.
Reine Baumwolle ist dafür der ideale Sommerstoff.

1
Shirt
mit Spitze,
reine
Baumwolle
ab
69.-

2
Rippen-Top,
reine
Baumwolle
ab
39.-

3
Hose mit
Webstruktur,
reine
Baumwolle
ab
59.-
Ohne
Gürtel

**2
+
3**
natur

**2
+
3**
blau

**1
+
2
+
3**
natur

Plateau-
Turnschuh
29.95
Seite 118, Abb. 8

1 48 Shirt mit Spitze. Vorn toll bedruckt. Mit Knopfleiste und Seitenschlitzen. Single-Jersey, reine Baumwolle. Maschinenwäsche.

Größen	34/36	38/40	42/44	46/48
natur	463.213	464.112	465.024	465.952
blau	466.854	467.761	468.663	469.594
DM	69.-	77.-	85.-	

2 48 Top im modischen Rippen-Look. Mit Zierknopfleiste. Single-Jersey, reine Baumwolle. Maschinenwäsche.

Größen	34/36	38/40	42/44	46/48
blau	480.100	481.044	481.944	482.851
natur	483.750	484.650	485.552	486.462
DM	39.-	45.-	49.-	

3 48 Hose mit trendstarker Struktur. Gummibund und 2 Taschen. Reine Baumwolle. Maschinenwäsche.

Größen	34/36	38/40	42/44	46/48
natur	506.553	509.453	520.424	521.353
blau	522.284	523.211	524.110	525.021
DM	59.-	66.-	73.-	

Artikel mit diesem Zeichen 48 liefern wir in 48 Stunden – bei tel. Bestellung, gegen Aufpreis. Infos Seite 1352.

Obwohl Sie kaum Zeit auf das Lesen verwendet haben, können Sie bestimmt die folgenden Aufgaben richtig bearbeiten. Kreuzen Sie bitte an.

a) Es handelt sich um eine Seite aus
   ❑ einem Kochbuch,
   ❑ einer Frauenzeitschrift,
   ❑ einem Versandhauskatalog,
   ❑ einer Gebrauchsanweisung,
   ❑ einem Fachbuch.

Die richtige Antwort konnten Sie aufgrund Ihrer Lebenserfahrung und Ihres Weltwissens geben. Beide helfen Ihnen auch beim Entschlüsseln von anderen Texten.

b) An welchen Textelementen ist Ihr Blick während des Lesens hängengeblieben?
   ❑ Bilder
   ❑ Kleingedrucktes
   ❑ Symbole
   ❑ Preisangaben
   ❑ Fettgedrucktes
   ❑ Nummern/Ziffern
   ❑ ...

An Ihren Kreuzchen können Sie nun ablesen, welche Textelemente man beim raschen Lesen als Signale benutzen kann, um die wichtigsten Aussagen eines Textes auch in Sekundenschnelle zu verstehen.

3. Lesen Sie nun bitte den folgenden niederländischen Text und wenden Sie dabei diese Lesetechnik an. Vielleicht entdecken Sie dabei aber auch noch andere Tricks zum raschen Verstehen.

Auch wenn Sie nicht Niederländisch spre-
chen sollten, haben Sie sicher einiges
verstanden. Welche Signale haben Ihnen
dabei geholfen?
...

Falls Sie andere Fremdsprachen beherrschen, können Sie dieses Wissen auch zu
Hilfe nehmen, wenn Sie deutsche Texte
entschlüsseln. Sehr oft geben Ähnlichkeiten Hinweise zum Verstehen.

Tips für die Praxis im Kurs

✘ Ausgehend von den Leseneigungen der KursteilnehmerInnen wird die Aufgabe 1 bearbeitet. Der Kursleiter bzw. die Kursleiterin erläutert die Rolle,
die die Leseabsicht beim Lesen spielt.

✘ Anhand der Abbildung (ggf. auf Overheadfolie) wird die Blickführung beim
überfliegenden Lesen erläutert.

✘ Die TeilnehmerInnen erproben in Aufgabe 2 diese Leseart an der Seite aus
dem Katalog. Zur Steuerung ihrer Analyse und Selbstbeobachtung bearbeiten sie die folgenden Fragen.

✘ Abschließend bearbeiten sie die Aufgabe 3.

44 Überfliegendes Lesen (2)

1. Geübte Leserinnen und Leser wissen, daß sie durch die Blickführung beim überfliegenden Lesen nicht nur Einzelsignale (Symbole, Ziffern, Zeichen oder Wörter) erfassen, sondern daß sie auch ganze Wortbündel erkennen können.

Der Blick von AnfängerInnen und ungeübten LeserInnen tastet die Zeilen meist Wort für Wort ab, etwa so:

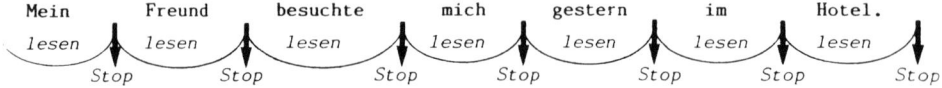

Mit fortschreitender Lesefertigkeit lernt man jedoch, kleine optische Einheiten zu bilden, deren Länge durch die Blickspanne bestimmt wird. Das kann bei unserem Beispielsatz etwa so aussehen:

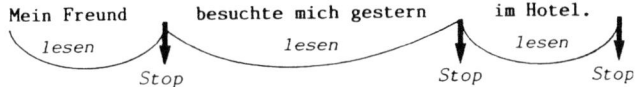

Die Blickspanne ist diejenige Menge Text, die man auf einer Zeile mit einem Blick umfassen kann, ohne daß Augenbewegungen notwendig sind. Blickt man auf der gleichen Zeile weiter nach rechts, so beginnt eine neue Blickspanne.

2. Testen Sie nun die Länge Ihrer Blickspanne. Schauen Sie bei der folgenden Wortpyramide auf eine gedachte, senkrechte Mittellinie. Lesen Sie von oben nach unten, und versuchen Sie dabei, die Wörter zu erfassen, ohne Augenbewegungen zu machen (also ohne nach rechts oder links zu schauen).

Ei
Rat
Mühe
Trotz
Zufall
Mädchen
Computer
Entdecker
Automation
Unternehmer
Außenwerbung
Familienleben
Motorengesumme
Polizeireporter

Wahrscheinlich sind Sie nicht beim letzten Wort angekommen, sondern mußten früher aufhören. Welches Wort ist das längste, das Sie noch mit einem Blick erfassen konnten?

Fragen Sie die anderen KursteilnehmerInnen, wie weit sie gekommen sind. Sie werden sehen, daß verschiedene Menschen unterschiedlich lange Blickspannen haben, daß sie jedoch alle in der Lage sind, längere Textteile mit einen Blick zu erfassen.

Übrigens: Tageszeitungen, die ja auch zum überfliegenden Lesen gedacht sind, werden aus diesem Grunde in Kolumnen geschrieben.

Tips für die Praxis im Kurs

Dieses Arbeitsblatt steht in engem Zusammenhang mit dem Arbeitsblatt Nr. 43 „Überfliegendes Lesen (1)".

✗ Der Kursleiter bzw. die Kursleiterin erläutert das Phänomen der Blickspannen anhand der Abbildungen (ggf. auf Overheadfolie).

✗ Die KursteilnehmerInnen erhalten das Arbeitsblatt und testen die Länge ihrer Blickspanne an der Wortpyramide.

✗ Abschließend erhalten sie einen deutschen Text, an dem sie ihre Lesetechniken und die Länge ihrer Blickspannen erproben können. Hinweis: Es sollte sich dabei um einen Text ohne Abbildungen handeln, der sprachlich nicht allzu schwer ist.

1. Das rasche Lesen kann auch dazu dienen, in einem Text einen ganz bestimmten Gedanken, eine bestimmte Information aufzufinden. Dabei sucht man mit dem Blick den Text auf Schlüsselbegriffe oder Signale ab und bezieht dabei auch seine Lebenserfahrung und sein Weltwissen mit ein.

Beispiel:
Wir möchten herausfinden, wann im Fernsehen ein Bericht über „Spiegel" gesendet wird.

Strategie 1:
Unser Weltwissen sagt uns, daß ein Hinweis auf einen solchen Bericht an einer ganz bestimmten Stelle in unserer Programmzeitung zu finden sein könnte (also: in der Programmübersicht).

Tagsüber

8.35 Musik-Zeit ⊙
Edvard Grieg: Zeiteiliges Gala-Konzert zum 150. Geburtstag des norwegischen Komponisten (2)

9.15 Zur Zeit
Aus Kirche und Gesellschaft

9.30 Kathol. Gottesdienst
Aus St. Joseph in Hannover

10.15 Matinee
Entwaffnendes Gelächter
TV-Kurs für Traurige und Mutlose
Mit Ilse Neubauer, Enzi Fuchs, Ernst H. Hilbich, Peter Fricke, Wolfgang Hinze

11.25 Ansichten
Die Brücke
Eine Reportage von Katrin Hampel
Obersuhl und Untersuhl, das eine in Hessen, das andere in Thüringen — 32 Jahre lang durch den „antiimperialistische Schutzwall" getrennt — wachsen wieder zusammen.

11.55 Anders fernsehen 3sat

12.00 Das Sonntagskonzert auf Tournee ⊙
Live aus Hamburg. Mit Ramona Leiß und Carlheinz Hollmann
Gäste: Die Blauen Jungs, die Mühlenhofmusikanten, das Marinemusikkorps, Margot Schönebendt, Hartwig Rudolz, Renée Knapp, Beatles Revival Band, Carl Bay
Nächsten So.: Von der IFA Berlin

Abends

19.00 heute / Wetter

19.10 Bonn direkt
Moderation: Klaus-Peter Siegloch

19.30 Paradiesvögel und Drachen
Vier Entdeckungsreisen im Inselreich Indonesien
Letzter Bericht: Sumatra — Im Reich der Geister und Magier
Siehe auch rechts
Nä. So.: „Im Reich der roten Bären", 3teiliger Bericht

20.15 Melodien für Millionen ⊙
Höhepunkte aus zehn Jahren: Erinnerungen der Zuschauer
Mitwirkende: Orchester Paul Kuhn, Deutsches Fernsehballett, Nicolai Gedda, Menskes Chöre, Marianne und Michael, Su Kramer, Heinz Hoppe, Roger Whittaker, Vicky Leandros. Regie: Harald Schäfer
Siehe auch rechts
Auch am Mittwoch, 11.03 Uhr

22.05 heute (VPS 22.00)

22.15 Sport (VPS 22.10)
⚽ Mit **Bundesliga**
Stuttgart — München

22.25 Spieglein, (VPS 22.20)
Spieglein an der Wand
Vom Zauber des optischen Echos
Spiegel zählen zu den ältesten Ge-

Strategie 2:
Wir suchen unter allen Überschriften (Fettdruck) und sonstigen auffälligen Textstellen das Wort „Spiegel". Unser Blick springt über den Text und bleibt an dem gesuchten Wort hängen, sobald er ihn entdeckt hat. Der übrige Text wird übersehen.

2. Probieren Sie das nun einmal selbst aus. Lesen Sie dazu bitte den folgenden Beipackzettel eines Medikaments. Finden Sie möglichst rasch heraus, welche Dosierung empfohlen wird.

Gebrauchsinformation

 Schaper & Brümmer · 3320 Salzgitter 61 (Ringelheim)

Esberitox® N-Tabletten
Immunmodulator

Zusammensetzung

1 Tablette enthält:
Konzentrat aus:

Baptisiae tinct. rad. percolat.	1=7,5	75	mg
Echinaceae purpur. rad. percolat.	1=15	112,5	mg
Thujae occid. herb. sicc. percolat.	1=13,57	27,14	mg

Standard:
Gesamt-Glykoproteine/Polysaccharide   12,5 µg

Anwendungsgebiete
Zur Therapie akuter und chronischer Atemwegsinfekte (durch Viren oder Bakterien bedingt); Begleittherapie zu einer Antibiotika-Behandlung bei schweren bakteriellen Infekten wie Bronchitis, Angina, Pharyngitis (Entzündung des Rachens), Otitis media (Mittelohrentzündung), Sinusitis (Entzündung der Nasennebenhöhlen); bakterielle Hautinfektionen; Herpes simplex labialis (viral bedingte Haut- und Schleimhauterkrankung). Vorübergehende Abwehrschwäche mit gehäuften Infekten. Behandlung von Störungen des weißen Blutbildes nach Strahlen- oder Zytostatika-Therapie.

Gegenanzeigen
sind bisher nicht bekannt.

Nebenwirkungen
sind nicht bekannt.

Dosierung
Soweit nicht anders verordnet: Erwachsene dreimal täglich 3 Tabletten einnehmen oder im Munde zergehen lassen; Säuglinge und Kinder, je nach Alter, dreimal täglich 1 bis 2 Tabletten.

Hinweise
Arzneimittel nach Ablauf des Verfalldatums nicht mehr anwenden.

Arzneimittel für Kinder unzugänglich aufbewahren!

113

3. Dieses suchende Lesen funktioniert deshalb so gut, weil man während des Lesens vor dem „inneren Auge" ein Wortbild hat, dessen Abbild man im Text aufspürt. Das Wortbild wird geprägt durch die Oberlängen der Buchstaben eines Wortes. Es ist also nicht die untere Hälfte der Buchstaben eines Wortes,

sondern es ist die obere Hälfte, die das Erkennen und Verstehen eines Wortes möglich macht.

Schülerin

Finden Sie bitte aus dem folgenden Text durch suchendes Lesen heraus, was über die Straßenbenutzung von Mofas gesagt wird.

I. Allgemeine Verkehrsregeln

§ 1 Grundregeln
(1) Die Teilnahme am Straßenverkehr erfordert ständige Vorsicht und gegenseitige Rücksicht.
(2) Jeder Verkehrsteilnehmer hat sich so zu verhalten, daß kein anderer geschädigt, gefährdet oder mehr, als nach den Umständen unvermeidbar, behindert oder belästigt wird.

§ 2 Straßenbenutzung durch Fahrzeuge
(1) Fahrzeuge müssen die Fahrbahnen benutzen, von zwei Fahrbahnen die rechte.
(2) Es ist möglichst weit rechts zu fahren, nicht nur bei Gegenverkehr, beim Überholtwerden, an Kuppen, in Kurven oder bei Unübersichtlichkeit.
(3) Fahrzeuge, die in der Längsrichtung einer Schienenbahn verkehren, müssen diese, soweit wie möglich, durchfahren lassen.
(3 a) Beträgt die Sichtweite durch Nebel, Schneefall oder Regen weniger als 50 m, müssen sich die Führer kennzeichnungspflichtiger Kraftfahrzeuge mit gefährlichen Gütern so verhalten, daß eine Gefährdung anderer ausgeschlossen ist; wenn nötig, ist der nächste geeignete Platz zum Parken aufzusuchen. Gleiches gilt bei Schneeglätte oder Glatteis.
(4) Radfahrer müssen einzeln hintereinander fahren; nebeneinander dürfen sie nur fahren, wenn dadurch der Verkehr nicht behindert wird. Sie haben rechte Radwege zu benutzen; linke Radwege dürfen sie nur benutzen, wenn diese für die Gegenrichtung freigegeben sind (Zeichen 237). Sie haben ferner rechte Seitenstreifen zu benutzen, wenn keine Radwege vorhanden sind und Fußgänger nicht behindert werden. Das gilt auch für Mofas, die durch Treten fortbewegt werden.
(5) Kinder bis zum vollendeten achten Lebensjahr müssen mit Fahrrädern Gehwege benutzen; beim Überqueren einer Fahrbahn müssen sie absteigen. Das gilt nicht, wenn Radwege vorhanden sind. Auf Fußgänger ist besondere Rücksicht zu nehmen.

Tips für die Praxis im Kurs

Ziel dieses Arbeitsblattes ist es, das überfliegende Lesen im Sinne von „scanning" zu vermitteln.

✗ Die KursteilnehmerInnen werden angeleitet, ein Fernsehprogramm unter der Suchrichtung „Spiegel" exemplarisch zu lesen.
Sie berichten über ihren Leseprozeß, der darauf hinausläuft, ein bestimmtes Schriftbild zu suchen.

✗ In Aufgabe 2 erproben die TeilnehmerInnen die Strategie des suchenden Lesens ohne Anleitung. Sie berichten wiederum über ihre Leseerfahrungen.

✗ Nach Erläuterungen über das Wortbild durch den Kursleiter bzw. die Kursleiterin erproben die KursteilnehmerInnen diese Lesestrategie nochmals selbständig.

46 Genaues Lesen

1. Hat man ein Fachbuch vor sich oder will man Einzelheiten eines Textes detailliert erfassen, dann wendet man Techniken des genauen Lesens an. Die Einstellung der Leser und Leserinnen, ihre Haltung zum Lesevorgang drückt sich bis in die Körperhaltung hin aus.

Wie verhalten sich diese Leserinnen? Notieren Sie, was Ihnen auffällt.

...

2. **Vorbereitung zum genauen Lesen**

Eine gute Planung der Lesephase kann eine große Hilfe sein. Die folgenden Tips sollen dazu Anregungen geben.
- Stellen Sie sich mit Ihrer Zeit auf eine längere Lesephase ein. Zeitdruck beeinträchtigt die Konzentration!
- Halten Sie Schreibgeräte und Papier bereit. Machen Sie sich Notizen – entweder direkt in den Lesetext oder auf ein gesondertes Blatt. Mit Farbstiften oder Leuchtstiften (Textmarker) heben Sie wichtige Textstellen hervor.
- Stellen Sie sich Nachschlagewerke (Wörterbücher, Duden, Lexika) in Ihre Nähe.
- Sorgen Sie dafür, daß störende Geräusche vermieden werden.

3. Zum Lesen von anspruchsvollen und umfangreichen Texten hat sich die **Fünf-Schritt-Methode** (mit verschiedenen Varianten) durchgesetzt. Das folgende Merkblatt beschreibt die fünf Schritte beim genauen Lesen.

Merkblatt zum genauen Lesen

1. Verschaffen Sie sich einen ersten Überblick über den Text:
   - Umfang
   - Art des Textes (Gedicht, Roman, Rezept etc.)
   - Thema des Textes (Schlüsselwörter)
   - ...

2. Lesen und bearbeiten Sie den Text abschnittweise:

   - Bringen Sie Markierungen an, machen Sie sich Notizen.
   - Unterstreichen Sie wichtige Textstellen.
   - Schlagen Sie wichtige unbekannte Wörter im Wörterbuch nach.

   Bei wichtigen und besonders schwierigen Textstellen kann es angebracht sein, auch satz- oder gar wortweise vorzugehen.

3. Sobald Sie den Text ganz gelesen haben, stellen Sie sich die Textaussagen der verschiedenen Abschnitte mit Hilfe der Notizen zusammen.

4. Prüfen Sie, ob Sie den Text vollständig verstanden haben. Was müssen Sie noch nachschlagen? Wo gibt es Unsicherheiten beim Verstehen?

5. Entscheiden Sie, ob Sie den Text ganz oder in Teilen noch einmal lesen müssen und worauf Sie dabei achten sollten.

Erproben Sie nun die Fünf-Schritt-Methode. Lesen Sie dazu bitte den folgenden Text so genau durch, daß Sie in der Lage sind, detailliert darüber zu berichten.

John, 24, Zeitsoldat

Ich bin jetzt 24 Jahre alt. Zur Zeit lebe ich in München. Nein, eigentlich kann man das so nicht sagen. Ich wohne zwar gerade hier, aber leben – nein. Meine Wohnung ist in Albstadt (240 km westlich). Meine Frau (eine Freundin, die so viel hergibt, zu der man sich so hingezogen fühlt, daß man ohne weiteres mit ihr zusammenleben könnte, ist für mich „meine Frau") wohnt noch mal 40 km weiter westlich, also von München per Motorrad fast dreieinhalb Stunden weg, meine Freunde leben und wohnen in Albstadt, meine Eltern leben in Norddeutschland. Es ist also alles ziemlich durcheinander und zerrissen. Aber so war's schon immer. Geboren bin ich 1958 in Hamburg. Soweit ich mich zurückerinnern kann, war ich eigentlich nie unzufrieden – egal ob in meiner frühen Kindheit oder Jugend. Meine Eltern haben sich dann mal irgendwann scheiden lassen; sie sind inzwischen beide wieder verheiratet. Ich und mein Bruder sind zu meiner Mutter gekommen (Gott sei Dank). Wir sind oft umgezogen (so um die fünfzehnmal), und ich habe in meinen zehn Schuljahren immerhin elf verschiedene Schulen besucht. Zum Schluß hat es mich in den Schwarzwald verschlagen, von wo ich mich dann als 17jähriger bei der Bundeswehr auf zuerst vier Jahre, später auf acht Jahre verpflichtete. Jetzt, in meinem letzten Dienstjahr, habe ich mich nach München versetzen lassen. Ich wollte mal die Stadt kennenlernen, und außerdem hat da noch eine „Frau" von mir eine Rolle gespielt, mit der ich aber inzwischen auseinander bin. Leider muß ich sagen. Ich weiß nicht mal, warum. Zu Frauen hatte ich schon immer (nein, erst eigentlich ab dem Jugendalter, so ab 15 aufwärts) eine gestörte Beziehung. Wenigstens von meinem Standpunkt aus. Sie sind das Schönste, was es gibt, für mich und fügen mir doch so viel Leid zu. Sie können mich aus dem tiefsten Loch herausholen und im nächsten Moment wieder hineinstoßen. Nicht, daß man jetzt den Eindruck bekommt, ich sei schwach, unselbständig und abhängig. Ganz das Gegenteil ist der Fall. Aber für mich hat das Leben nur einen Sinn mit anderen Menschen, insbesondere mit Frauen. Zu Männern habe ich keinen so guten Draht, weil ich immer zuviel an ihnen auszusetzen habe. Naja – egal. Das Leben ist trotzdem schön, und ich habe mir eine „positive Lebenseinstellung" geschaffen, um die mich viele andere Leute beneiden.

Tips für die Praxis im Kurs

✗ Ausgehend von dem Foto sammeln die KursteilnehmerInnen relevante Verhaltensweisen für das intensive, textverarbeitende Lesen.

✗ Sie lesen danach die Tips zur Vorbereitung des genauen Lesens und besprechen sie anschließend in Partnerarbeit oder in Kleingruppen.

✗ Die KursteilnehmerInnen lesen das Merkblatt und wenden die Fünf-Schritt-Methode auf den Lesetext an.

Eher zu empfehlen ist jedoch ein erfahrungsorientiertes, dialogisches Vorgehen anhand eines Textes, der ruhig etwas über dem Niveau der KursteilnehmerInnen liegen darf. Es bietet sich folgender Ablauf an:

- Lesen (evtl. mehrfach) des Textes und gleichzeitige Selbstbeobachtung
- Austausch über benutzte Lesetechniken, Hilfsmittel (Textmarker etc.)
- Erläuterung der fünf Schritte durch den Kursleiter bzw. die Kursleiterin
- Anfertigen eines Merkzettels zur Fünf-Schritt-Methode
- Üben dieser Methode an einem weiteren Lesetext

Tiermarkt

Süße schw.
Pudelmischlinge
8 Wochen alt, in allerbeste Hände gegen
Spende abzugeben.
Telefon (06139) 6380

EKH Babys 3 Schildpatt (weibl.), ein schwar-
zes m. weißen Pfoten, 14 Wochen alt, Eltern int. Ch./ tof. Ausstellung in Wirges, be-
stes Nest, geimpft u. entwurmt, ohne
Stammbaum, nur in gute Hände, mit
Schutzvertrag für 250,- DM abzugeben ☎
(06733) 8789

5 jähr. Fuchsstute, Stm 1,59 m, sehr brav,
geländesicher, ideal für Robusthaltung, für
Anfänger u. Kinder geeignet; sowie 3 jähr.
br. Stute mit Tritt, leicht angeritten, Stm
1,57 m, abgedrehter Typ, ideal als Freizeit-
u. Dressurpferd. ☎ (0171) 7249704

Süßer, 1jähriger **Zwergschnauzer-Rüde,**
allerliebster **Dackel-Mischlingswelpe,**
sehr liebe 1jährige **Wohnungs-Schäfer-**
hündin, reinrassige **Cockerspanielhündin,**
schwarzer, verschmuster, halbhoher
Mischlingsrüde, reinrassiger, sehr lieber
australischer **Schäferhundrüde** (colly-
ähnlich) sowie allerliebste **Siamkatzenba-**
bies, süße, getigerte **Katzenbabies sowie**
dankbare, erwachsene **Katzen** suchen lie-
bevolles Zuhause.
Bund der Tierfreunde e. V.
Tel. **(06144) 101,** (0 61 28) 4 58 8
oder 7 53 7

Wunderschöne Schildpatt-Katze, lieber roter
Kater, junge Tigerkätzchen, suchen gutes
Zuhause. ☎ (06136) 9602 od. (06131)
9602
Chihuahua, 8 Mon., und 2 Hasen, mit Zubehör, umständehalber abzugeben, ☎ (0611)
419588
Ältere Schäferhündin und 2 Junghunde suchen wegen Haltungsschwierigkeiten dringend bleibendes Zuhause, ☎ (06733) 3171
Rosenköpfchen mit Käfig und Zubehör, 300,-.
☎ (06733) 1254 ab 14 Uhr
Collie, Rüde, 5 Mon., mit Papieren f. 600 DM
zu verk., ☎ (0611) 42 55 20
Lang- u. Kurzhaar-Perser zu verkaufen. ☎
(06433) 59 23
Westernsattel, neuw., 500 DM. ☎ (0611)
30 77 65

1. In diesem Zeitungstext hat jemand
wichtige Stellen gekennzeichnet. Dabei
hat er oder sie drei verschiedene Arten
des Markierens benutzt. Welche?
...

Wie kennzeichnen Sie wichtige Textstellen?

Hier eine Zusammenstellung von Möglichkeiten, Textstellen hervorzuheben:
- am Rand anstreichen
- am Rand ankreuzen
- Kernbegriffe einrahmen
- wichtige Wörter mit Textmarker
  überstreichen
- unterstreichen/anstreichen in verschiedenen Farben
- numerieren

2. Manche LeserInnen machen sich aus diesen vielen Möglichkeiten des Markierens ein persönliches System. Eines könnte zum Beispiel wie folgt zusammengesetzt sein:

wichtigen Abschnitt   ➔   am Rande anstreichen
wichtige Sätze   ➔   mit Bleistift unterstreichen
einzelne Kernbegriffe   ➔   einkreisen

Wie sollte Ihr persönliches System zum Markieren wichtiger Textstellen aussehen?

...

Probieren Sie an den folgenden Zeitungsausschnitten einmal Ihr persönliches Markierungssystem aus. Kennzeichnen Sie bitte die drei verschiedenen Dinge, die Sie aus dem Angebot am meisten interessieren, und markieren Sie sie nach Wichtigkeit.

Hat sich Ihr Markierungssystem bewährt, oder sollten Sie etwas ändern?

3. Erproben Sie es nun noch einmal an einer anderen Textsorte.

Lesen Sie diesen Text über Verkehrsregeln, und kennzeichnen Sie bitte alle Stellen, an denen etwas über das Verhalten im Straßenverkehr bei Schnee, Regen oder Nebel gesagt wird.

I. Allgemeine Verkehrsregeln

§ 1 Grundregeln
(1) Die Teilnahme am Straßenverkehr erfordert ständige Vorsicht und gegenseitige Rücksicht.
(2) Jeder Verkehrsteilnehmer hat sich so zu verhalten, daß kein anderer geschädigt, gefährdet oder mehr, als nach den Umständen unvermeidbar, behindert oder belästigt wird.

§ 2 Straßenbenutzung durch Fahrzeuge
(1) Fahrzeuge müssen die Fahrbahnen benutzen, von zwei Fahrbahnen die rechte.
(2) Es ist möglichst weit rechts zu fahren, nicht nur bei Gegenverkehr, beim Überholtwerden, an Kuppen, in Kurven oder bei Unübersichtlichkeit.
(3) Fahrzeuge, die in der Längsrichtung einer Schienenbahn verkehren, müssen diese, soweit wie möglich, durchfahren lassen.
(3 a) Beträgt die Sichtweite durch Nebel, Schneefall oder Regen weniger als 50 m, müssen sich die Führer kennzeichnungspflichtiger Kraftfahrzeuge mit gefährlichen Gütern so verhalten, daß eine Gefährdung anderer ausgeschlossen ist; wenn nötig, ist der nächste geeignete Platz zum Parken aufzusuchen. Gleiches gilt bei Schneeglätte oder Glatteis.
(4) Radfahrer müssen einzeln hintereinander fahren; nebeneinander dürfen sie nur fahren, wenn dadurch der Verkehr nicht behindert wird. Sie haben rechte Radwege zu benutzen; linke Radwege dürfen sie nur benutzen, wenn diese für die Gegenrichtung freigegeben sind (Zeichen 237). Sie haben ferner rechte Seitenstreifen zu benutzen, wenn keine Radwege vorhanden sind und Fußgänger nicht behindert werden. Das gilt auch für Mofas, die durch Treten fortbewegt werden.
(5) Kinder bis zum vollendeten achten Lebensjahr müssen mit Fahrrädern Gehwege benutzen; beim Überqueren einer Fahrbahn müssen sie absteigen. Das gilt nicht, wenn Radwege vorhanden sind. Auf Fußgänger ist besondere Rücksicht zu nehmen.

Überlegen Sie nun, ob Sie die verschiedenen Arten des Markierens außer beim Leseverstehen auch in anderen Lernsituationen nutzen könnten.
...

Tips für die Praxis im Kurs

✘ Die KursteilnehmerInnen sammeln – ausgehend von dem Zeitungsausschnitt – alle Möglichkeiten des Markierens von Texten, die ihnen einfallen. Der Kursleiter bzw. die Kursleiterin ergänzt nach Bedarf weitere Techniken.

✘ Die KursteilnehmerInnen legen individuell ihr persönliches Markierungssystem fest und erproben es.

✘ Im letzten Schritt sammeln die KursteilnehmerInnen Möglichkeiten, ihr Markierungssystem auch in anderen Lernzusammenhängen zu nutzen. Lernmaterialien wie Lehrbuch, Grammatik, Hausheft etc. können dabei einbezogen werden.

48 Hören und Verstehen: Wörter, die man kennen sollte

Unabhängig davon, ob man einen gesprochenen Text im Rundfunk oder im Fernsehen, in einer Gesprächssituation oder im Deutschkurs von einer Übungskassette hört, in allen Fällen ist es nützlich, Strukturierungssignale zu erkennen. Sie helfen, den Text zu verstehen.
Strukturierungssignale sind die kleinen Wörter, die beim Vokabellernen oft recht lästig sind, die man aber kennen sollte.

Beispiele: aber ...
               oder ...
               ehe ...

Sie signalisieren in den Aussagen eines Sprechers, einer Sprecherin oft eine wichtige Wendung, eine Folge, einen Gegensatz etc.
Schauen Sie sich z. B. den folgenden Satz an:
Es war ein wunderschöner Tag, *aber* am Abend begann es zu regnen.
Durch das Wörtchen *aber* weiß man, daß eine Einschränkung zum ersten Teil des Satzes folgen wird, auch ohne den restlichen Satz überhaupt gehört oder verstanden zu haben.

Notieren Sie hier bitte die Bedeutung der folgenden Signalwörter:

Sprechersignal	was der Sprecher ausdrücken will
nachdem	
jedoch	
und zwar	
bevor	
oder	
...	

Die Bedeutung dieser und ähnlicher Wörter sollten Sie ganz sicher beherrschen.

Tips für die Praxis im Kurs

Ziel dieses Arbeitsblattes ist es, zu verdeutlichen, daß man nicht immer jedes einzelne Wort erfassen muß, um den ganzen Text zu verstehen.

✘ Der Kursleiter bzw. die Kursleiterin macht das an einem Beispielsatz deutlich.

✘ Die KursteilnehmerInnen bearbeiten die Sammlung von Signalwörtern.

✘ Abschließend sammeln sie in Kleingruppen so viele Signalwörter wie möglich und fertigen persönliche Merkzettel mit denjenigen Wörtern an, die sie nicht gut behalten können.

49 Hören und Verstehen: Kombinierendes Verstehen

Das Kombinieren von Wortfolgen ist eine Erschließungstechnik, die dazu dient, auch solche Texte zu verstehen, die man nicht ganz vollständig gehört hat. Das kann der Fall sein, wenn z.B. ein Geräusch Teile des Textes überdeckt hat.

In allen Sprachen, also auch im Deutschen, gibt es Wortverbindungen, die untrennbar zueinander gehören. Wenn man Aussage A hört, weiß man, daß mit einiger Sicherheit auch Aussage B folgt.
Beispiel: Es herrschte eine *grimmige Kälte*.

Können Sie die folgenden Sätze vervollständigen?

1. Es herrschte ein *klirrender* _____

2. Sie fühlte einen *stechenden* _____

3. Vorsicht, *bissiger* _____

4. Sie ist eine *dumme* _____

5. Er ist ein *schlauer* _____

An diesen Beispielen sehen Sie, daß es nicht notwendig ist, immer jedes Wort zu verstehen. Prägen Sie sich daher solche Wendungen gut ein. Sie erleichtern das Verstehen von deutschen Texten.

Nutzen Sie diese Wendungen als Beginn einer Liste, die Sie sich anlegen und die Sie immer mehr vervollständigen. Vielleicht fallen Ihnen jetzt schon ähnliche, feste Wendungen ein? Schreiben Sie sie auf.
...

Tips für die Praxis im Kurs

Dieses Arbeitsblatt steht im Zusammenhang mit dem Arbeitsblatt Nr. 48 „Wörter, die man kennen sollte".

✗ Ausgehend von dem Streben vieler Kursteilnehmer nach 100%igem Verständnis eines Textes, belegt der Kursleiter bzw. die Kursleiterin an einem Beispielsatz, daß dies nicht das Ziel sein muß.

✗ Die KursteilnehmerInnen vervollständigen die Sätze.

✗ Sie tragen im Plenum, vielleicht mit Hilfe des Kursleiters bzw. der Kursleiterin, Wendungen zusammen, in denen kombinierendes Verstehen möglich ist. Sie legen sich für ihr Ringbuch bzw. ihre Lernkartei ein neues Blatt bzw. eine gesonderte Karte an.

50 Hören, Sehen und Verstehen: Körpersprache

Das Hören und Verstehen wird besonders in solchen Situationen erleichtert, in denen man den Gesprächspartner oder die Gesprächspartnerin sehen kann. Das gilt auch für Fernsehsendungen und Videoaufzeichnungen. Hier ist es möglich, durch Mimik, Gestik und Körperhaltung des Sprechers bzw. der Sprecherin das Gehörte leichter und rascher zu verstehen.

1. Manchmal registriert man dabei Gesten, die – zumindest in Europa – international verständlich sind, so z.B. diese:

Autostop

Andere Gesten sind zwar international bekannt, variieren aber manchmal von Land zu Land. In Deutschland haben Sie diese Geste sicherlich schon kennengelernt:

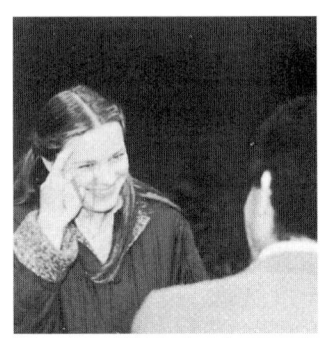

„Du bist wohl verrückt!"

Wie wäre die entsprechende Geste in Ihrem Land?

2. Auch die gesamte Körperhaltung ist oft recht informativ. Schauen Sie sich die folgenden Fotos an. Was drückt das junge Mädchen in jedem einzelnen Bild durch seine Körperhaltung Ihrer Meinung nach aus?

①

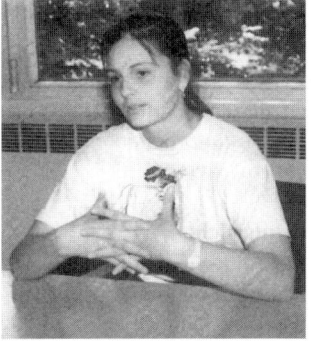

②

③

Tip

Beobachten Sie bei Gesprächen Ihren Partner genau. Seine Körpersprache unterstützt Ihr Verstehen.

Tips für die Praxis im Kurs

Daß man einen Text verstehen kann, ohne ihn gehört oder gelesen zu haben, soll dieses Arbeitsblatt vermitteln.

✘ Der Kursleiter bzw. die Kursleiterin veranlaßt durch Gesten die TeilnehmerInnen dazu, etwas Bestimmtes zu tun (herzukommen, die Tür zu schließen etc.). Danach erläutert er/sie die Bedeutung von Körpersprache für die Kommunikation.

✘ Die KursteilnehmerInnen sammeln in Kleingruppen Gesten, die ihnen bekannt sind und besprechen ihre Bedeutung.

✘ Sie suchen nun diejenigen Gesten heraus, die sie nur bei Deutschen kennengelernt haben. Diese werden im Plenum vorgestellt und besprochen.

✘ Abschließend bearbeiten sie die Fotos.

51 Körpersprache verstehen und anwenden

Etwa 55% bis 70% unserer menschlichen Kommunikation ist außersprachlich. Diese hohen Zahlen machen deutlich, wie wichtig es für das Gelingen von Gesprächen sein kann, wenn man nonverbale Elemente in die Sprache einbezieht. Dies gilt für das Hören und das Sprechen in besonderer Weise und erst recht in einer Fremdsprache.

In den folgenden Aufgaben werden Sie einige verschiedenartige nonverbale Signale kennenlernen – oder vielleicht auch wiedererkennen.

1. Was bedeuten Ihrer Meinung nach die folgenden Handbewegungen?

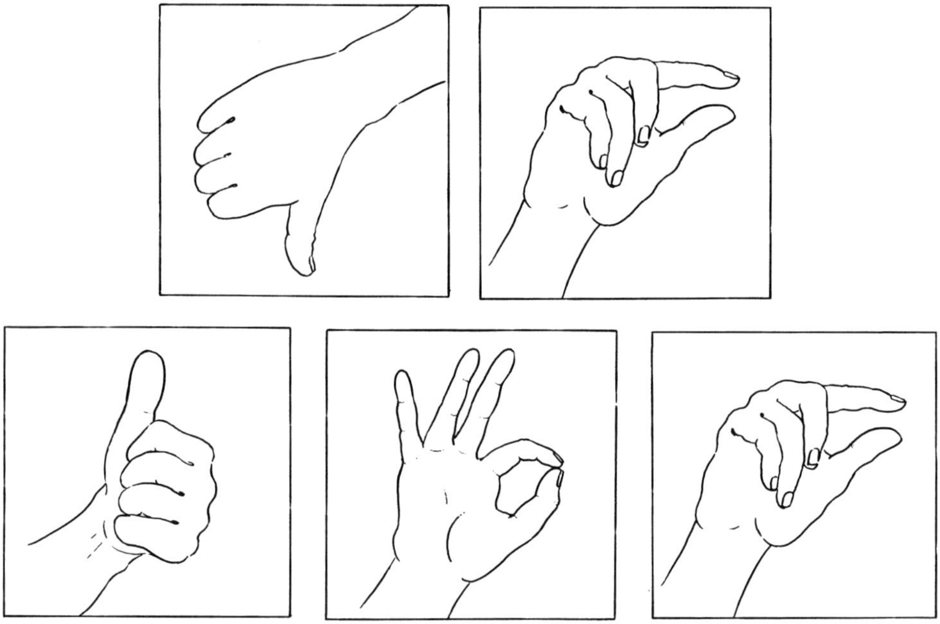

2. In manchen Fällen sind es Bewegungen des ganzen Körpers, die Informationen vermitteln. Können Sie die folgenden deuten?

3. Die folgenden Gesten werden vor allem in romanischen Ländern
Europas benutzt:

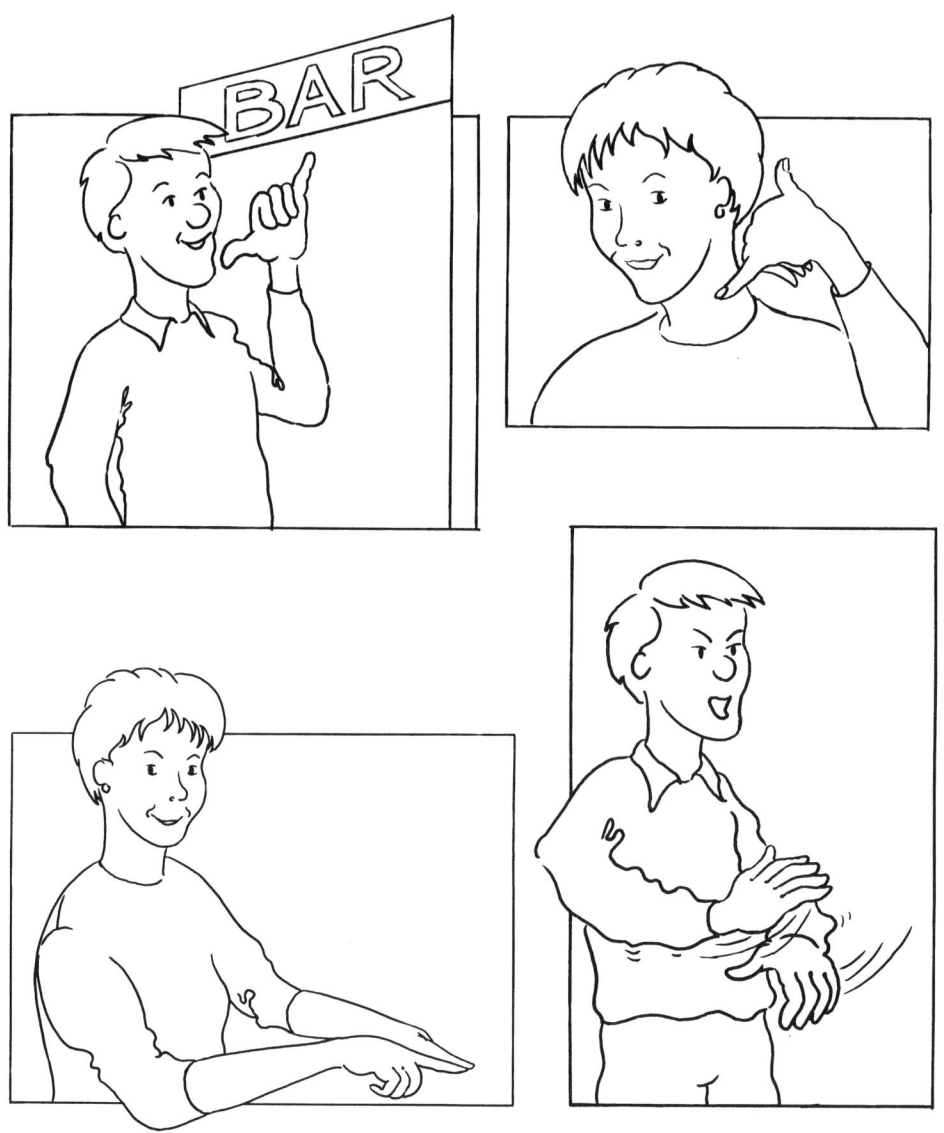

Wie verstehen Sie ihre Bedeutung?

Einige Handbewegungen werden vor allem von Deutschen benutzt.

4. Wie werden nach Ihrer Beobachtung von Deutschen die folgenden Äußerungen durch Handbewegungen ausgedrückt?

Stop!   Bitte!   Komm her!   müde   stark

Skizzieren Sie bitte diese Gesten.

Tips für die Praxis im Kurs

✗ Die KursteilnehmerInnen bearbeiten die Aufgaben 1 und 2. Sie lernen dabei Gesten und Körperbewegungen verstehen, die „selbst-verständlich" sind. Eventuell ergänzen sie diese Reihe um eigene Ideen.

✗ In der Aufgabe 3 erfahren sie, daß es nationale Unterschiede beim Gebrauch mancher Gesten gibt.

✗ Im letzten Schritt skizzieren sie Gesten, die sprachliche Äußerungen begleiten oder ersetzen.

Dieses Arbeitsblatt steht im engen Zusammenhang mit dem Arbeitsblatt Nr. 50 „Hören, Sehen und Verstehen: Körpersprache".

52 Hören und Verstehen: Übungen mit dem Rekorder

Der Kassettenrekorder und der Videorekorder sind wichtige Hilfsmittel, um eine Fremdsprache zu lernen. Bevor man jedoch auf die Taste drückt, sollte man sich die verschiedenen Arbeitsschritte überlegen, die man nacheinander durchspielen möchte.

Hier ist ein Merkzettel mit ein paar Vorschlägen für Hörübungen:

1. Hören Sie den Text einmal ganz an, und versuchen Sie dabei, den roten Faden bzw. den Handlungsverlauf zu erfassen. Lassen Sie sich dabei nicht von äußeren Geschehnissen ablenken (z.B. störende Geräusche oder die Aufmerksamkeit auf sich ziehende Gegenstände in Ihrer Umgebung). Konzentrieren Sie sich auf den Text!

2. Hören Sie den Text ein zweites Mal an. Das grobe Verständnis dieses Textes erreichen Sie leichter, indem Sie nach einzelnen Abschnitten die Pausen- oder Stopptaste an Ihrem Gerät drücken und sich dann fragen, was Sie alles verstanden haben. Das brauchen Sie nicht unbedingt aufzuschreiben, machen Sie es „im Kopf".

3. Wenn Sie Ihre Aufmerksamkeit ein wenig steuern wollen, so suchen Sie eine der W-Fragen aus, z. B.:
   Wer handelt in dem Text?
   Was wird gesagt, getan?
   Wozu? Welche Absichten und Gründe stehen hinter den Handlungen?
   In welcher Rolle handeln die Personen?
   Welche Situation ist gegeben?
   Wo spielt die Handlung?
   Nehmen Sie sich nach diesem Durchgang ein bis zwei weitere Fragen vor, und hören Sie den Text nun unter diesen Gesichtspunkten an; Notizen sind erlaubt.

4. Insgesamt können Sie den Text sooft anhören, wie Sie möchten. Bei jedem weiteren Durchgang hören Sie bestimmt etwas Neues.

5. Wenn Sie gleichzeitig üben möchten, Notizen zum Text anzufertigen, so haben Sie zwei Möglichkeiten:
   • Sie fertigen sie während des Hörens an. Dann müssen Sie sehr rasch schreiben und sich auf das Wichtigste beschränken.
   • Sie fertigen sie nach dem Hören an. Dann müssen Sie sich sehr konzentrieren, da Ihr Gedächtnis dabei eine große Rolle spielt.

1. Erproben Sie diesen Ablauf an einem beliebigen Hörtext oder an einer Videoaufzeichnung – sei es die Kassette zum Lehrbuch oder die Aufzeichnung einer Radio- oder Fernsehsendung.

2. Nachsprechen und Mitsprechen

Nachsprechübungen dienen dem flüssigen Sprechen, tragen aber bei manchen Lernertypen auch zum besseren Behalten des Textes bei, wenn man ihn auswendig lernen möchte. Schließlich bahnt das halblaute Nachsprechen des Textes die Entwicklung eines Gefühls für die deutsche Sprache an.

Mit der Stopptaste oder Pausentaste an Ihrem Gerät können Sie den Text in kurze Abschnitte, manchmal auch nur Satzteile gliedern und unmittelbar nach dem Hören halblaut nachsprechen. Achten Sie dabei auf die Intonation, die Tonhöhe, den Rhythmus, das Sprechtempo und die Lautstärke.

Sofern Sie sich den Text schon weitgehend eingeprägt haben, können Sie statt der Nachsprechübung eine Mitsprechübung machen. Dabei versuchen Sie, den Text zeit-parallel zum Sprecher auf der Kassette mitzusprechen. Werden Sie an einer Stelle unsicher, können Sie sich an das Klangbild anlehnen und kommen so recht schnell wieder in den Sprechrhythmus hinein.
Die Hauptfunktion des Mitsprechens liegt in der Perfektionierung des flüssigen Sprechens eines Textes.

Tips für die Praxis im Kurs

✗ Vor der Bearbeitung des Arbeitsblattes stellt der Kursleiter bzw. die Kursleiterin fest, wie viele TeilnehmerInnen über ein Kassettenabspielgerät (inklusive Walkman) verfügen. Er/sie erläutert die Funktion eines solchen Gerätes als wichtige Lernhilfe beim Fremdsprachenlernen.

✗ Die KursteilnehmerInnen sammeln in Kleingruppen die Schritte, die sie durchlaufen, wenn sie mit einem Kassettenrekorder arbeiten. Sie einigen sich in der Kleingruppe auf eine gemeinsame Lösung und stellen diese im Plenum vor.

✗ Sie lesen die Vorschläge für Hörübungen im Arbeitsblatt und vergleichen ihre Lösungen. Eventuell müssen sie einiges ändern oder ergänzen.

✗ Der Kursleiter bzw. die Kursleiterin erläutert die Techniken des Nachsprechens bzw. des Mitsprechens und bietet Übungsmöglichkeiten.

✗ Die KursteilnehmerInnen fertigen sich individuell einen Merkzettel über wichtige Schritte beim Üben mit dem Rekorder an.

53 Hören, Schreiben und Verstehen: W-Fragen

Schwierig für das Verständnis von gehörten Texten ist oft die Flut der Informationen, die man aufnehmen muß. Benutzen Sie in solchen Situationen den Trick mit den W-Fragen.

Hören Sie sich den Text z.B. unter dem Gesichtspunkt der folgenden W-Fragen an:

Wer? Was? Warum?

Wo? Wann? Wie?

Vielleicht konzentrieren Sie sich beim Hören auch nur auf eine oder zwei W-Fragen.

Möchten Sie jedoch gleichzeitig mehrere Fragen beantworten können, was eigentlich eher für fortgeschrittenere Lerner gilt, sollten Sie sich und Ihr Gedächtnis durch das Anfertigen von Notizen entlasten.

Die Anordnung der Fragewörter in einem Raster gibt Ihnen Raum für Notizen, Ergänzungen, Kommentare etc. Sie werden während des Hörens oder unmittelbar danach aufgeschrieben.

Frage	Notizen, Kommentare
Wer?	
Wann?	
Warum?	
...	

Probieren Sie das einmal aus. Wählen Sie sich dazu einen beliebigen Text aus Ihrem Lehrbuch, den Sie von der Kassette abhören. Wenn Sie keine Kassette zur Verfügung haben, wenden Sie das Raster beim Hören der deutschen Tagesnachrichten im Radio oder im Fernsehen an.

136

Tips für die Praxis im Kurs

In diesem Arbeitsblatt werden Analyse- und Entlastungstechniken vermittelt.

✗ Der Kursleiter bzw. die Kursleiterin erläutert die Notwendigkeit zur Konzentration auf bestimmte Aspekte eines Hörtextes, z.B. mit Hilfe von W-Fragen. Die KursteilnehmerInnen sammeln dazu Fragewörter (Anschrieb an Tafel).

✗ Die KursteilnehmerInnen hören einen Text und konzentrieren sich jeweils auf verschiedene Fragen.

✗ Danach tragen sie die gehörten Informationen zusammen und schreiben sie stichwortartig hinter die Fragewörter an die Tafel.

✗ Anhand des Tafelbildes erläutert der Kursleiter bzw. die Kursleiterin die entlastende Funktion von Notizen beim Hörverstehen. Als eine Möglichkeit, Notizen nach einer gewissen Systematik zu machen, wird das Raster auf dem Arbeitsblatt vorgestellt.

✗ In einer weiteren Hörübung erstellen die KursteilnehmerInnen selbst ein Raster und bestimmen die W-Fragen. Sie tragen bereits während des Hörens ihre Notizen ein.

54 Von Notizen zum Text

1. Wenn man an einem komplexen Thema arbeiten und dazu einen Text formulieren möchte, sollte man sich vorher gründlich mit seinen verschiedenen Seiten auseinandersetzen. So sollte man z.B. die Gründe bedenken, die für oder gegen etwas sprechen. Hierzu kann es ganz nützlich sein, seine Gedanken stichwortartig zu notieren und gleichzeitig in einem Schema zu ordnen.
   Erproben Sie es einmal an dem folgenden Thema:

   ## SCHLANGEN ALS HAUSTIERE?

   mit diesem Schema:

pro	kontra

2. Notizen, die man anfertigt, um damit einen Text zu verfassen, können auch etwas differenzierter nach folgendem Schema angeordnet werden:

Hauptgedanken	
Gründe	
Vorteile	
Nachteile	

3. Notieren und ordnen Sie Ihre Gedanken in ähnlicher Weise zu dem Thema:

   ## RADIOREKORDER SOLLTEN IN PARKS VERBOTEN SEIN!

   Sie können auch die beiden Schemata kombinieren.

138

8 Schritte auf dem Weg zum Text

1. Durchlesen oder Anhören eines Textes bzw. Sammeln eigener Gedanken
2. Niederschreiben in Form von Notizen
3. Wiederholtes Lesen oder Hören des Textes bzw. Überprüfen der eigenen Gedanken
4. Notieren ergänzender Ideen und Informationen
5. Anfügen von Anmerkungen und Kommentaren
6. Ordnen der Gedanken in eine Reihenfolge (Gliederung des zu schreibenden Textes)
7. Formulieren des Textes auf der Grundlage der Notizen
8. Überarbeiten des Textes auf seine inhaltliche Vollständigkeit und seinen sachlogischen Aufbau hin

Tips für die Praxis im Kurs

✘ Der Kursleiter bzw. die Kursleiterin erläutert die Notwendigkeit, bestimmte Techniken anzuwenden, wenn man einen Text kreativ, aber auch systematisch gestalten will.

✘ Die KursteilnehmerInnen bearbeiten die Aufgabe 1 des Arbeitsblattes. Bei dieser Aufgabe gilt es, möglichst viele Ideen zu sammeln, ohne Rücksicht auf eine andere Systematik als die vorgegebene.

✘ In Aufgabe 2 geht es darum, die Gedanken zu einem Thema differenzierter zu ordnen und in ein System zu bringen, das die schriftliche Ausformulierung vorbereitet und somit erleichtert. Die KursteilnehmerInnen tragen ihre Ideensammlung aus Aufgabe 1 in das Schema ein. Danach erstellen sie einen Text, den sie abschließend vorlesen.

✘ In Aufgabe 3 üben sie diese Technik selbständig an einem neuen Thema. Sie orientieren sich dabei auch an der Auflistung „8 Schritte auf dem Weg zum Text".

55 Notizen: Das Wichtigste festhalten

1. Lesen Sie bitte den folgenden Text. Welche Wörter und Wendungen halten Sie für wichtig? Markieren Sie maximal 12.

Sydney 2000 der Nabel der Welt

Die dritte Bewerbung hintereinander von Erfolg gekrönt / „Spiele der Athleten"

SYDNEY (dpa) – Im Jahr 2000 werden in Sydney die „Spiele der Athleten" stattfinden. Kurze Wege, ein einziges olympisches Dorf für alle Sportler und eines der sportverrücktesten Länder der Welt werden die ersten Spiele des neuen Jahrtausends prägen. Und fast jeder Teilnehmer kann sich seiner speziellen Fans sicher sein – schon heute leben Menschen aus 140 Nationen in der traumhaft schönen Stadt an der Pazifikküste des fünften Kontinents.

Am 16. September 2000 werden die Spiele auf dem Olympia-Gelände in der Homebush-Bucht am Parramattafluß eröffnet werden und bis zum 1. Oktober dauern. Der australische Frühling mit durchschnittlichen Höchsttemperaturen von 20 Grad bietet ideale Voraussetzungen für Höchstleistungen.

Die Hoffnung der knapp 18 Millionen Australier einmal nicht „down under" (untendrunter), sondern gut zwei Wochen lang der Nabel der Welt zu sein, hatte die dritte Bewerbung hintereinander beflügelt. Über 100 000 Menschen haben sich bereits sieben Jahre vor den Spielen als Freiwillige gemeldet. In einem Land, in dem den Worten von Sportstars allemal mehr Gewicht beigelegt wird als denen von Politikern, sind die Olympischen Spiele gut aufgehoben.

14 der 25 zur Zeit olympischen Sportarten werden im Olympia-Park stattfinden, die anderen elf nicht mehr als eine gute halbe Autostunde entfernt. Die Segelwettbewerbe, sonst oft hunderte von Kilometern entfernt, dürfen im traumhaft schönen Naturhafen mitten in der Innenstadt mit Blick auf das berühmte Opernhaus zum besonderen Leckerbissen werden. Der Marathonlauf wird über die riesige Hafenbrücke führen. Die Australier planen sogar, die Einführung der Sommerzeit ei-

nen Monat vorzuverlegen, damit Athleten und Zuschauer beste Voraussetzungen geboten werden.

Aber am meisten wird den Sportlern und – wie die Australier hoffen – den Tausenden von Olympia-Touristen – die offene, herzliche Art der Australier gefallen. Ob man nun vom britischen „Sträflings-Adel" abstammt, die Vorfahren im vorigen Jahrhundert aus Schlesien gekommen sind oder in den vergangenen zwanzig Jahren als Bootsflüchtlinge aus Vietnam: Gäste sind in Australien immer willkommen.

Eine Erleichterung dürfte für die erwarteten Besucher aus aller Welt sein, daß man in Sydney schon seit Jahren von der traditionellen englischen Fish-and-Chips-Küche abgerückt ist, es gibt erstklassige Restaurants in Hülle und Fülle.

Schreiben Sie nun die markierten Wörter und Wendungen heraus.
…

Mit diesen Notizen können Sie nun einen eigenen Text formulieren – gleichgültig, ob Sie ihn schreiben oder sprechen wollen. Probieren Sie es einmal aus.

2. Beim Aufschreiben von Notizen ist es nützlich, sie in bestimmter Weise zu ordnen, um sie danach weiterverwenden zu können. Das folgende Schema zeigt Ihnen eine Möglichkeit. Es ist außerdem offen für Ergänzungen, also ausbaufähig.

Wer?	Wann?	Wo?	Was?	Wie?	Warum?

Natürlich kann man diese Fragewörter auch gegen andere austauschen.

Versuchen Sie nun einmal, Ihre Notizen zu dem folgenden Text in dieses Schema einzutragen:

Junge (8 Jahre) auf Autobahnraststätte einfach vergessen!

Am Neujahrsmorgen um 3.30 Uhr war der achtjährige Dirk W. mutterseelenallein auf einem Rastplatz an der Autobahn Darmstadt-Frankfurt. Seine Eltern waren versehentlich ohne ihn abgefahren.

Dirk ist mit seinen Eltern und seiner Schwester nachts um 12 Uhr von Stuttgart losgefahren. Er und seine Schwester waren müde und haben auf dem Rücksitz geschlafen. Auf einmal ist Dirk aufgewacht. Das Auto war geparkt, und seine Eltern waren nicht da. Auf dem Parkplatz war eine Toilette. Dirk ist ausgestiegen und auf die Toilette gegangen. Dann ist er zurückgekommen, und das Auto war weg.

Man kann Notizen auch anders anordnen: Zuerst stellt man sich einige gezielte Fragen und gibt mit Hilfe der Notizen die Antworten. Dies kann man aber nur mit einem Text machen, den man schon – zumindest flüchtig – kennt.

	Person A	Person B	Person C
Welche Personen waren beteiligt?			
Wer war eingeschlafen?			
Wer ist zurückgeblieben?			

Tips für die Praxis im Kurs

✗ Der Kursleiter bzw. die Kursleiterin erläutert die Funktion von Markierungen beim Leseverstehen und weist auf die Begrenzung und die Auswahl der wichtigsten Stellen hin.

✗ Die KursteilnehmerInnen lesen den Zeitungsartikel. Unbekannte Vokabeln werden geklärt. Danach unterstreichen sie die wichtigsten Textstellen. Die Reduzierung auf die Anzahl 12 soll sie zwingen, eine enge Auswahl zu treffen. Nun werden diese als Stichworte herausgeschrieben.

✗ Im Anschluß oder zu einem späteren Zeitpunkt formulieren die KursteilnehmerInnen damit einen neuen Text. Ein Wechsel der Textsorte, z.B. in einen Brief, ist zu empfehlen.

✗ Nach Erläuterung des Schemas in Aufgabe 2 üben die KursteilnehmerInnen das Ordnen der Notizen am folgenden Text.

56 Schnelles Notieren

Notizen müssen oft in sehr kurzer Zeit niedergeschrieben werden. Daher sollte man wissen, wie man Zeit sparen kann, um noch schneller notieren zu können.

1. Das Auslassen von Wörtern

In allen Texten gibt es **Formwörter**, die den Sätzen ihre grammatische Form, ihr Gerüst geben. Dazu gehören z.B.:
- bin, sind, war, waren
- der, die, das, eine, einer, eines
- dort, hier
- aber, und, oder
- ich, du, er, sie, es, wir, ihr, sie

Ihre Bedeutung ergibt sich meist aus dem Sinnzusammenhang. Beim raschen Notieren können sie daher leicht entfallen, ohne das Verstehen zu behindern.

Die **Inhaltswörter** in Texten sind dagegen recht wichtig. Dazu zählen Adjektive, Substantive, Adverbien und Verben. Sie sollten Bestandteil der Notizen sein.

1. Versuchen Sie, aus den folgenden Inhaltswörtern eines Textes den Textinhalt herauszufinden.

Herr Jäger	*klein*	*Laden*	*verkauft Lebensmittel*		*Getränke*
Obst	*Brot*	*ganze Familie hilft*		*streng*	*un-/gehorsam*
bestrafen	*Chef verlangt viel*		*Kinder suchen Arbeit*		*wollen weg*

Schreiben Sie bitte Ihren Text auf.

Dies ist der vollständige Text zum Vergleich:

Herr Jäger hat einen *kleinen* Laden.
Er verkauft Lebensmittel: Getränke, Obst, Brot.
Im Laden hilft die *ganze* Familie mit.
Herr Jäger ist ein *strenger* Vater,
er möchte *gehorsame* Kinder.
Ungehorsame Kinder – sagt er – muß man bestrafen.
Auch als Chef ist er *streng* und verlangt *viel*.
Aber seine Kinder suchen jetzt eine *andere* Arbeit,
denn sie wollen weg von zu Hause.

2. Das Benutzen von Abkürzungen

Viele der folgenden Abkürzungen sind Ihnen bestimmt bekannt:

usw.	–	und so weiter
d.h.	–	das heißt
m.W.	–	meines Wissens
z.B.	–	zum Beispiel
S.	–	Seite
vgl.	–	vergleiche
s.o.	–	siehe oben
dt.	–	deutsch

Ergänzen Sie bitte Abkürzungen, die Sie außerdem noch kennen.

Außerdem läßt sich jedes beliebige längere Wort abkürzen, indem man sich auf die Anfangsbuchstaben konzentriert:

Vokabeln	–	Vok.
Unterricht	–	Unterr.
Klassenraum	–	Kl. (-raum)

... oder indem man Silben durch ein Apostroph ersetzt:

Deutschland	–	D'land
Orangensaft	–	O'saft
Kraftrad	–	K'rad

Feste Regeln gibt es hierfür nicht, sondern jeder findet seine individ. Abk. (= individuellen Abkürzungen).

Wie würden Sie persönlich die folgenden Wörter abkürzen?

Deutschunterricht	–
Lehrbuch	–
Wörterbuch	–
Übung	–
Wiederholung	–

Tips für die Praxis im Kurs

✘ Der Kursleiter bzw. die Kursleiterin bespricht im Kurs Möglichkeiten zum raschen Anfertigen von Notizen. Dabei können Abkürzungen bzw. die Konzentration auf Inhaltswörter eines gehörten bzw. gelesenen Textes wichtig sein.

✘ Die KursteilnehmerInnen formulieren einen Text mit Hilfe der angegebenen Inhaltswörter.

✘ Der Kursleiter bzw. die Kursleiterin liest den Text vor, und die KursteilnehmerInnen notieren die Wörter, die ihrer Meinung nach Inhaltswörter sind.

✘ Anschließend vergleichen sie ihre Notizen und ihren Text mit dem Ausgangstext.

✘ Der Kursleiter bzw. die Kursleiterin weist auf die Möglichkeit hin, persönliche Abkürzungen zu erfinden. Im letzten Teil der Lerneinheit können die KursteilnehmerInnen dies üben. Weitere persönliche Abkürzungen können angefügt werden.

57 Zeichen und Symbole

Ähnlich wie man es bei Abkürzungen machen kann, lassen sich auch Zeichen und Symbole individuell erfinden. Es gibt jedoch Konventionen und Festlegungen, die man übernehmen sollte. Dazu gehören folgende Zeichen:

=	gleich, ist
≠	ungleich
>	größer als
<	kleiner als
⟶	führt zu, zielt ab auf
≈	ungefähr, etwa
+	plus
⟷	Gegensatz

Versuchen Sie, zu dem folgenden Text Notizen anzufertigen und dabei alle Möglichkeiten zu nutzen, um diese Notizen rasch und ökonomisch aufzuschreiben.

COCA-COLA erfand 1886 John Pemberton, Apotheker aus Atlanta (Georgia), im Alter von 50 Jahren. Im Hinterzimmer seines Ladens mixte er Colanußextrakt, Zucker, ein bißchen Koffein, Cocablätter, denen man das Kokain entzogen hatte, und Pflanzenextrakte. Die genaue Zusammenstellung ist noch heute ein Geheimnis. Zufällig servierte ein Verkäufer Monate später einem Kunden Coca-Cola mit Soda. Er hatte das I-Tüpfelchen gefunden, das den großen Erfolg einleiten sollte. 1891 erwarb Asa Chandler für nur 2300 Dollar die ‚Geheimformel' von Pemberton und gründete die Coca-Cola-Firma. 28 Jahre später wechselte die Firma bereits für 25 Millionen Dollar ihren Besitzer.

Tips für die Praxis im Kurs

✘ Dieses Arbeitsblatt steht im engen Zusammenhang mit dem Arbeitsblatt Nr. 56 „Schnelles Notieren". Der Kursleiter bzw. die Kursleiterin erläutert einige Zeichen und Symbole (Tafelbild oder Folie).

✘ Die KursteilnehmerInnen ergänzen ggf. weitere Zeichen und Symbole, die sie benutzen.

✘ Der Text wird vom Kursleiter bzw. der Kursleiterin vorgelesen. Die KursteilnehmerInnen fertigen Notizen an und benutzen dabei möglichst viele Zeichen und Symbole.

✘ Abschließend werden die Notizen in Kleingruppen verglichen und besprochen.

58 Deutsch lernen mit dem Videorekorder (1)

Das Fernsehgerät und der Videorekorder sind besonders geeignete Hilfen beim Fremdsprachenlernen. Wie sie genutzt werden können, vermitteln die folgenden Aufgaben.

1. Kreuzen Sie bitte an, welche Art von Sendung Ihnen zum Deutschlernen am liebsten wäre:

❑   Spielfilm, Serie

❑   (Musik-)Show

❑   Bericht, Reportage

❑   Kommentar

❑   Nachrichten

❑   Talkshow

❑   ...

Beachten Sie dabei, daß die ersten beiden Sorten schon von AnfängerInnen genutzt werden können. Berichte, Kommentare und Nachrichten sind dagegen eher für etwas fortgeschrittenere LernerInnen geeignet.

2. Suchen Sie sich nun aus dem Fernsehprogramm eine geeignete Sendung heraus. An ihr können Sie die folgenden Techniken erproben.

A. Aktives Sehen und Hören: Gesprochenes und Gemeintes

Ehe Sie mit der Aufgabe beginnen, überlegen Sie sich, welchen Ausschnitt der Videoaufzeichnung Sie zum Lernen für besonders geeignet halten. Notieren Sie die Angaben des Zählwerks am Anfang und am Ende der Szene(n). Ihre Auswahl hängt davon ab, was Sie gerne lernen möchten. Sind es besonders Begrüßungssituationen, Verabschiedungssituationen, Verhöre, Erzählungen in Rückblenden, Handlungsabläufe etc.?

Schalten Sie nun das Videogerät ein, und bearbeiten Sie den Ausschnitt in fünf Schritten:

1. Sehen Sie sich die ausgewählte Szene an.

2. Sehen Sie denselben Ausschnitt noch einmal an, und registrieren Sie die Wörter und Wendungen, die Sie sich einprägen möchten. Schwierige oder neue Wörter müssen Sie nachschlagen.

3. Notieren Sie die Wörter und Wendungen, die für Sie wichtig sind, auf einen Zettel oder auf eine Karteikarte.

4. Wiederholen Sie die Wörter und Wendungen, indem Sie sie laut nachsprechen und evtl. nochmals aufschreiben.

5. Sammeln Sie die Wörter und Wendungen von anderen Videoaufzeichnungen zur gleichen Situation (also z.B. zu Begrüßungsszenen) in Ihrer Wortschatzkartei. Wiederholen Sie diese von Zeit zu Zeit.

B. Aktives Sehen: Land und Leute

Ehe Sie mit der Arbeit beginnen, überlegen Sie bitte, was Sie über Land und Leute in der Videoaufzeichnung besonders wissen möchten. Hier ist eine Liste von Beobachtungsschwerpunkten, die Ihnen bei der Entscheidung helfen kann. Kreuzen Sie bitte an.

❑ Verhalten, Benehmen, Etikette

❑ Sitten, Gebräuche, Feste

❑ Kleidung

❑ Wohnkultur

❑ Eßkultur

❑ Sport, Hobbys, Freizeit

❑ ...

Bearbeiten Sie nun die Videoaufzeichnung nach den folgenden fünf Schritten:

1. Sehen Sie sich die Aufzeichnung in Abschnitten an.

2. Sammeln Sie Ihre Beobachtungen zum ausgewählten Schwerpunkt. Gehen Sie nach Abschnitten vor. Registrieren Sie wichtige Einzelwörter und Wendungen.

3. Prägen Sie sich Ihre Notizen ein. Günstig dabei ist halblautes Sprechen der Wörter.

4. Notieren Sie sich stichwortartig auf deutsch Informationen zum Beobachtungsschwerpunkt auf Karteikarten. Diese lassen sich später durch weitere Karten aus anderen Videoaufzeichnungen ergänzen.

5. Sammeln Sie diese Karteikarten unter dem Stichwort „Land und Leute". Wiederholen Sie diese Karten von Zeit zu Zeit.

Tips für die Praxis im Kurs

✗ Der erste Teil des Arbeitsblattes sollte in einer vorhergehenden Unterrichtsstunde bearbeitet werden. Damit hat der Kursleiter bzw. die Kursleiterin die Chance, Fernsehaufzeichnungen nach dem Geschmack der KursteilnehmerInnen mitzubringen.

✗ Die KursteilnehmerInnen lesen den Abschnitt A von Aufgabe 2.

✗ Sie setzen sich in Kleingruppen zusammen (abhängig von der Zahl der verfügbaren Fernsehgeräte) und bearbeiten eine Aufzeichnung nach den fünf angegebenen Schritten.

✗ Im Abschnitt B von Aufgabe 2 lernen die TeilnehmerInnen, sich bewußt auf ausgewählte Beobachtungsschwerpunkte zu konzentrieren. Sie bearbeiten wieder in Kleingruppen die Videoaufzeichnung nach den fünf angegebenen Schritten.

Das Arbeitsblatt kann auch zu Hause eingesetzt werden, besonders dann, wenn nicht genügend Video- und Fernsehgeräte zur Verfügung stehen. In diesem Fall sollte jedoch zuvor das Arbeitsblatt genau besprochen werden.

59 Deutsch lernen mit dem Videorekorder (2)

Will man beim Hören und Sehen einer Videoaufzeichnung besonders den Inhalt erfassen, dann sollte man die Aufmerksamkeit gezielt auf vorher überlegte Aspekte richten: Man kann z.B. etwas über zwei bestimmte Personen genauer wissen wollen. In solchen Fällen helfen folgende Raster.

Modell A: Informationen über Personen gewinnen

Person A	Person B

Modell B: Argumente notieren

pro	kontra

Wählen Sie nun einen Ausschnitt aus Ihrer Kassette aus, und sehen Sie ihn an. Stoppen Sie die Kassette mehrmals und schreiben Sie Ihre Notizen in das entsprechende Feld.

Auf der Grundlage Ihrer Notizen können Sie nun einen neuen Text auf deutsch erstellen, z.B. eine Zusammenfassung, einen Bericht, eine Stellungnahme aus einer ausgewählten Perspektive etc. Sie können diesen Text schriftlich und/oder mündlich formulieren. Manchmal ist beides ganz nützlich.

Tips für die Praxis im Kurs

Ziel dieses Arbeitsblattes ist es, den KursteilnehmerInnen Möglichkeiten zum gezielten Betrachten einer Videoaufzeichnung bewußt zu machen.

✗ Zuerst lesen die KursteilnehmerInnen die Hinweise auf dem Arbeitsblatt.

✗ Sie bearbeiten in Kleingruppen einen Ausschnitt einer Videoaufzeichnung mit Hilfe der Rastermodelle.

✗ Abschließend besprechen sie ihre Lernerfahrungen.

60 Sprachtraining per Video

Ähnlich wie die Tonkassette, kann man auch die Videokassette zum Sprachtraining einsetzen.

Die Aufzeichnung auf der Videokassette wird in Sequenzen eingeteilt. Dazu notiert man die Themen der Sendungen und davon jeweils einzelne kurze Einheiten, die man dem Lernen zugrunde legen möchte. Je kürzer diese Einheiten sind, umso praktischer sind sie zum Üben. Je nach Trainingssituation können auch mehrere Sequenzen miteinander kombiniert werden. Daher empfiehlt es sich, auch die Zeitdauer zu notieren. So etwa könnten Ihre Notizen aussehen:

Prisma Magazin (NDR)	*28.9.93*
(Titel)	(Datum der Aufzeichnung)

Zählwerk	Sequenz	Dauer/Minuten
000 – 005	Dinos/Einführung	2
005 – 023	Geschichte der Dinos	4
023 – 138	Werbung mit Dinos	3
138 – 279	zu Spielbergs Film	5
279 – 351	Meinungen	4
351 – ...	Grippe	
...	...	

Für die Kombination von Bild und Ton ergeben sich folgende Übungsmöglichkeiten:

Übungstyp 1: Erstellen von Transkripten als Übung zu Orthographie und Wortschatz

Dazu eignen sich besonders Berichte und Kommentare, da hier in der Regel ein klar strukturierter und zusammenhängender Text gesprochen wird. Wählen Sie dazu eine entsprechende Videoaufzeichnung aus, und transkribieren Sie den Text. Schlagen Sie unbekannte Wörter im Wörterbuch nach, und überprüfen Sie damit auch die Rechtschreibung.

Übungstyp 2: (Re-)Produktion von Texten

Wählen Sie einen Ausschnitt aus einer Videoaufzeichnung aus, die Sie schon mehrfach angesehen und deren Text Sie schon einmal aufgeschrieben haben (vgl. Übungstyp 1). Stellen Sie den Ton ab und rekonstruieren Sie den Text zu den Bildern (schriftlich oder mündlich). Dabei kommt es nicht auf Vollständigkeit an; Ihr Text darf sich auch vom Original unterscheiden.
Sie können sich – als Übung für Fortgeschrittene – sogar vornehmen, ganz bewußt einen anderen Text zu produzieren. Dies läßt sich z.B. sehr gut mit Tiersendungen machen. Wichtig ist in jedem Fall, daß Ihr Text einen Sinn ergibt.

Sie können Ihren Text laut zum Ablauf der Bilder sprechen oder ihn auf Tonkassette aufnehmen und parallel zu den Bildern ablaufen lassen.

Übungstyp 3: Rollenspiele

Es bietet sich besonders bei Filmserien an, zu zweit oder zu mehreren kleine Szenen nachzuspielen. Schauen Sie sich vorher gemeinsam den Ausschnitt an, den Sie spielen wollen. Verteilen Sie die verschiedenen Rollen untereinander. Jeder darf – wenn nötig – einen Zettel mit sprachlichen Hilfen vorbereiten. Besonderen Spaß macht diese Übung, wenn man eine eigene Ton- oder Videoaufzeichnung machen kann.

Tips für die Praxis im Kurs

Die KursteilnehmerInnen lernen mit diesem Arbeitsblatt, wie man mit dem Videorekorder gezielt Sprachtraining betreiben kann.
✗ Sie lesen dazu das Arbeitsblatt.
✗ Im Idealfall bearbeiten sie nun die drei Übungsmöglichkeiten in Einzel- und Gruppenarbeit. Da kaum genügend Fernsehgeräte zur Verfügung stehen werden, wird empfohlen, das Arbeitsblatt im Kurs zu besprechen und die verschiedenen Übungsformen zu Hause durchführen zu lassen.
✗ Die KursteilnehmerInnen besprechen dann abschließend im Kurs ihre Lernerfahrungen.

Erfolgreich auf deutsch schreiben

1.

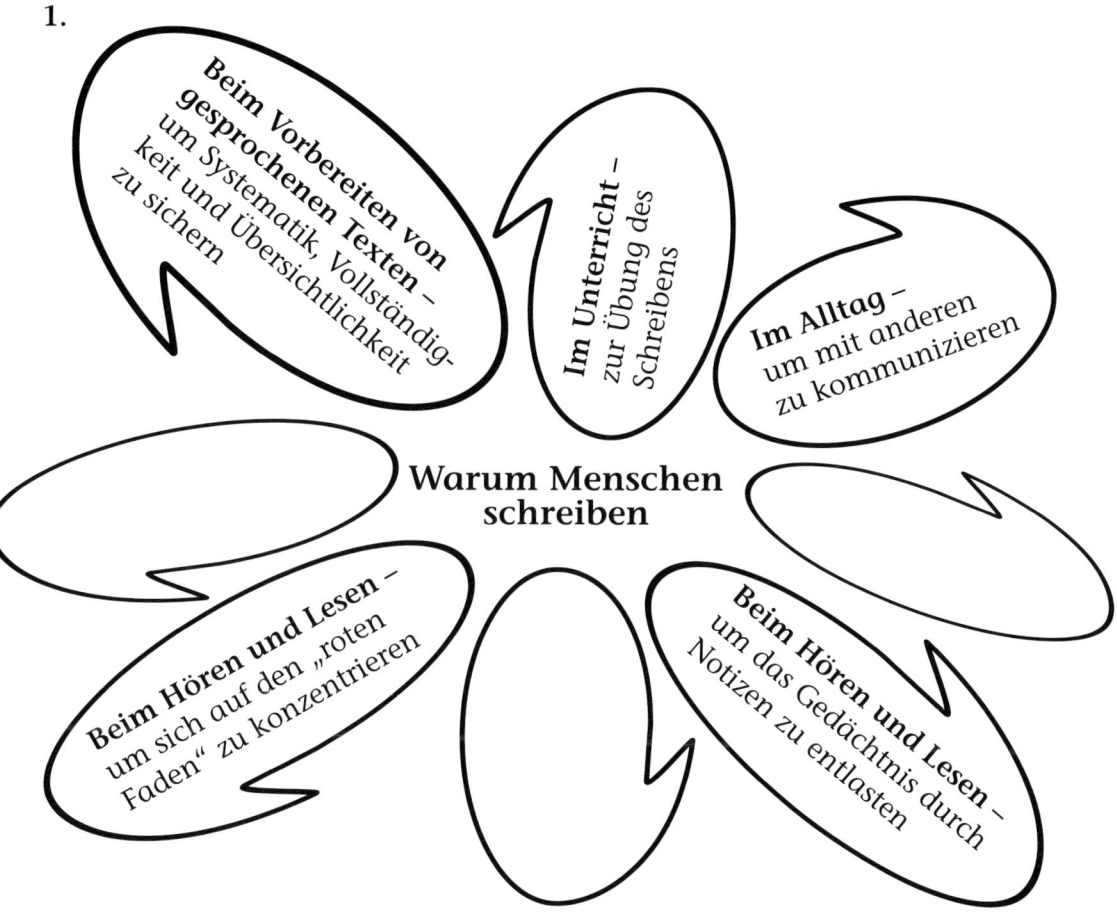

Beim Vorbereiten von gesprochenen Texten – um Systematik, Vollständig- keit und Übersichtlichkeit zu sichern

Im Unterricht – zur Übung des Schreibens

Im Alltag – um mit anderen zu kommunizieren

Warum Menschen schreiben

Beim Hören und Lesen – um sich auf den „roten Faden" zu konzentrieren

Beim Hören und Lesen – um das Gedächtnis durch Notizen zu entlasten

Kennen Sie noch weitere Situationen, in denen Menschen schreiben? Ergänzen Sie sie bitte in der Abbildung.

2. Sammeln Sie nun zu allen genannten Situationen Ihre persönlichen Beobachtungen:
   • Wie haben Sie bisher normalerweise etwas aufgeschrieben?
   • Worauf haben Sie jeweils beim Schreiben geachtet?
   • Was war Ihnen wichtig für das Aufschreiben?

1. Im Unterricht – zur Übung des Schreibens	
2. Im Alltag – um mit anderen zu kommunizieren	
3. Beim Hören und Lesen – um das Gedächtnis durch Notizen zu entlasten	
4. Beim Hören und Lesen – um sich auf den „roten Faden" zu konzentrieren	
5. Beim Vorbereiten von gesprochenen Texten – um Systematik, Vollständigkeit und Übersichtlichkeit zu sichern	
6. ...	

Aus Ihren Beobachtungen lassen sich ein paar Tips ableiten, die Sie bei künftigen Schreibaufgaben beherzigen sollten.

Tips

1. Schreiben Sie Ihren Text für den Leser so deutlich wie möglich.
2. Ordnen Sie Ihren Text für den Leser so übersichtlich wie möglich an.
3. Benutzen Sie beim Schreiben Ihrer Texte
   - ein gut funktionierendes Schreibgerät (Kugelschreiber, Füller, Bleistift etc.)
   - ein Lineal
   - einen Radiergummi bzw. „Tintenkiller" oder „Tipp-Ex".

4. Lesen Sie Ihren Text <u>mindestens</u> (!) einmal auf seine Richtigkeit durch. Noch besser ist es, systematisch mehrere Durchgänge beim Korrekturlesen zu machen.

5. Alle Veränderungen und Korrekturen am Text müssen gut lesbar und unmißverständlich sein.

6. Bei Unsicherheiten über die sprachliche Korrektheit schlagen Sie in einem Wörterbuch, in einem Duden, in einer Grammatik, in Ihrem Lehrbuch etc. nach.

Tips für die Praxis im Kurs

✗ Die Ideensammlung zur Frage „Warum Menschen schreiben" kann über den Overheadprojektor, aber auch an der Tafel gemacht werden. Dabei kann eine größere Zahl unterschiedlicher Schreibabsichten zusammengetragen werden.

✗ Die KursteilnehmerInnen tragen ihre Beobachtungen beim Schreiben in den verschiedenen Situationen in das vorgegebene Raster ein. Es schließt sich ein Gedankenaustausch über die Art und Weise des jeweiligen Schreibens an.

✗ Die KursteilnehmerInnen formulieren eigene Tips zum sinnvollen Vorgehen beim Schreiben und besprechen sie dann.

✗ Abschließend lesen sie die Tips aus der Lerneinheit, vergleichen sie mit ihren eigenen Ratschlägen und fertigen sich ihren persönlichen Merkzettel zum Schreiben an.

62   Ideen sammeln

Um anderen möglichst viele eigene Gedanken zu einem Thema mitteilen zu können, ist es nötig, diese erst einmal zusammenzutragen und dann zu ordnen.

So kann man seine Gedanken sammeln:

Assoziogramm

Ausgehend von einem Stichwort, das man in die Mitte eines Blattes schreibt, sammelt man alle Gedanken, die einem dazu einfallen. Sie werden dabei beliebig oder – für Fortgeschrittene – nach inhaltlichen Zusammenhängen um dieses Stichwort herum angeordnet. Eine Unterscheidung nach wichtigen und unwichtigen Gedanken gibt es zunächst nicht; statt dessen wird alles notiert, bis sich keine neuen Gedanken mehr ergeben.

Ein Assoziogramm zum Stichwort *FRIEDEN* könnte z.B. so aussehen:

```
                        Gewalt
            Politik                    Jugend
        Krieg                              Ruhe
Toleranz              FRIEDEN                  Bemühungen
        Familie                        Anstrengungen
            Landschaft          Heim
      Urlaub              Muße              Verständnis
```

1. Ergänzen Sie bitte dieses Assoziogramm um Ihre persönlichen Gedanken zu diesem Stichwort.

2. Ergibt sich nach Ihrer Meinung aus diesem Assoziogramm eine Gliederung dieser Gedanken? Wie würden Sie diese gestalten?
   ...

So könnte eine Gliederung auch aussehen:

1. Frieden – was er für mich bedeutet.
2. Frieden – wo er gebrochen wird.
3. Frieden – wie man ihn erhalten kann.

158

Ihre persönliche Gliederung kann sich hiervon völlig unterscheiden; „richtig" oder „falsch" gibt es nicht. Es kommt ja darauf an, was <u>Sie</u> ausdrücken wollen.

3. Schreiben Sie nun auf der Grundlage Ihrer eigenen Ideensammlung und Ihrer Gliederung einen Brief an einen guten Freund zum Stichwort *Frieden*. Wenden Sie dabei die Tips an, die für erfolgreiches Schreiben wichtig sind. (vgl. Arbeitsblatt Nr. 61)

4. Erarbeiten Sie eine Ideensammlung mit Hilfe eines Assoziogramms zum Stichwort *Arbeit*. Schreiben Sie danach einen Text in Ihr Tagebuch.

Tips für die Praxis im Kurs

✘ Der Kursleiter bzw. die Kursleiterin erläutert die Bedeutung einer Ideensammlung beim selbständigen Erstellen von Texten.
Als eine von vielen Möglichkeiten wird das Assoziogramm, manchmal auch „mind map" genannt, vorgestellt. Anstatt die Sammlung zum Stichwort „Frieden" vorzugeben und erweitern zu lassen, können die KursteilnehmerInnen auch eine eigene Sammlung erstellen und diese mit dem Assoziogramm auf dem Arbeitsblatt vergleichen.

✘ Die KursteilnehmerInnen bearbeiten daraufhin die Aufgaben 2 und 3.

✘ Zum selbständigen Erstellen eines Assoziogramms dient Aufgabe 4. Weitere, ähnliche Aufgaben können von der Kursleiterin bzw. dem Kursleiter zu einem späteren Zeitpunkt zur Wiederholung und Übung dieser Technik gestellt werden.

63 Ideen ordnen

Manchmal hat man zu einem bestimmten Thema so viele und so unterschiedliche Ideen, daß man gar nicht weiß, was man zuerst sagen bzw. schreiben soll. Hier hilft es, die Gedankenfülle zunächst zu ordnen. Dazu bestehen folgende Möglichkeiten:

1. **Gegensätzliches benennen**

Sportarten, die ich mag,	Sportarten, die ich nicht mag,
Schwimmen	Boxen
Tanzen	Ringen
Gymnastik	Angeln
Skifahren	Jagen
Tauchen	Gehen
Wandern	Joggen
...	...

Erstellen Sie dazu bitte Ihre persönliche Liste.

Erstellen Sie nun eine eigene Liste zum Thema:

Haustiere	Wilde Tiere
...	...

2. **Oberbegriffe**

Oft kann man die Gedankenfülle auf wenige Begriffe konzentrieren, die die Gemeinsamkeit ansprechen. Probieren Sie das einmal aus, indem Sie in der folgenden Aufgabe die Oberbegriffe herausfinden.

Beispiel:
de Gaulle, Thatcher, Kohl, Churchill, Clinton _____*Politiker*_____

London, Moskau, Warschau, Brüssel, Rom _____

Cary Grant, Antony Perkins, Sophia Loren,
Charly Chaplin, Steward Granger _____

Briefmarken sammeln, lesen, Fußball spielen, stricken, malen, basteln _____

Harz, Hunsrück, Rhön, Westerwald, Taunus _____

Beethoven, Mozart, Brahms, Bach, Händel _____

3. Klassifizierungen vornehmen

Klassifizierungen bestehen aus Oberbegriffen und untergeordneten, systematischen Sammlungen.
Beispiel:

Tiere	
Haustiere	wilde Tiere
Katze	Tiger
Hund	Krokodil
Pferd	Löwe
Vogel	Antilope
...	...

Versuchen Sie bitte, mit der folgenden Ideensammlung eine Klassifizierung vorzunehmen; vielleicht ergeben sich dabei auch mehr als nur zwei Kategorien.

Sport: Weitsprung, Skifahren, Rollschuhfahren, Eistanzen, Autorennen, Tauchen, Handball, Segeln, Fußball, Hockey, Tennis, Schwimmen, Basketball, Tanzen, Wasserskifahren, Hochsprung, Gehen.

Tips für die Praxis im Kurs

Ziel dieses Arbeitsblattes ist es, drei verschiedene Systematisierungstechniken zum Ordnen von Ideen zu vermitteln. Sie sind komplementär zu verstehen zu Kreativitätstechniken wie z.B. „Assoziogramme erstellen" im Arbeitsblatt Nr. 61 „Erfolgreich auf deutsch Schreiben" oder Nr. 62 „Ideen sammeln".

✗ Die KursteilnehmerInnen bearbeiten die Aufgabe 1 zunächst in Einzelarbeit. Danach vergleichen sie ihre Arbeitsergebnisse in Partnerarbeit.

✗ Die Bearbeitung der Aufgaben 2 und 3 geschieht in ähnlicher Weise.

✗ Abschließend werden die Lernerfahrungen der KursteilnehmerInnen mit den drei Techniken dargestellt und besprochen.

64   Einen Text planen

Will man einen etwas längeren Text anfertigen, dann nutzt man die Möglichkeiten von Assoziationen und Klassifikationen (vgl. Arbeitsblatt Nr. 62 und Nr. 63), um zu einer gegliederten Textplanung zu kommen. Gute Gliederungen sind die Grundlage für das erfolgreiche Verfassen von Texten.

Hier ist ein Beispiel für eine Gliederung zum Thema:

Bücher, die ich gerne lese

1.	Romane
1.1.	historische Romane
1.2.	Kriminalromane
1.3.	Abenteuerromane
2.	Sachbücher
2.1.	Biographien
2.1.1.	Biographien großer Erfinder
2.1.2.	Biographien berühmter Frauen
2.2.	Wissenschaft und Forschung
2.2.1.	Raumfahrt
2.2.2.	Expeditionen

1. Erstellen Sie bitte eine Gliederung zum gleichen Thema nach Ihrem persönlichen Geschmack. Danach haben Sie eine gute Ausgangsbasis, um einen Text zu diesem Thema zu schreiben.

2. Bringen Sie bitte die folgenden Ortsbezeichnungen in eine sinnvolle Gliederung.

Manhattan, Spanien, Hamburg, Dänemark, Amerika, Rio de Janeiro, Las Ramblas, Prater, Europa, Wien, Kudamm, Österreich, New York, Barcelona, Reeperbahn, Tivoli, Brasilien, Berlin, Copa Cabana.

Schreiben Sie danach einen Text über bekannte Stadtteile von Weltstädten.

Tips für die Praxis im Kurs

✗ Der Kursleiter bzw. die Kursleiterin bespricht zur Einführung mit den KursteilnehmerInnen Möglichkeiten zur Gliederung von Texten.

✗ Der Kursleiter bzw. die Kursleiterin erläutert ggf. mit Hilfe eines Overheadprojektors die Form der numerischen Gliederung.

✗ Die KursteilnehmerInnen bearbeiten die Aufgabe 1 in Einzelarbeit. Anschließend werden einige Arbeitsergebnisse im Plenum vorgetragen.

✗ Aufgabe 2 wird nach dem gleichen Muster bearbeitet.

65 Gespräche führen: Mit anderen Worten

Es kommt vor, daß man in einem Gespräch auf deutsch plötzlich steckenbleibt, weil das passende Wort fehlt. Wichtig ist, in solchen Situationen nicht zu verstummen, sondern Umschreibungstechniken einzusetzen, um ein Gespräch zu Ende zu führen.

Umschreibungstechniken z.B. können wie folgt angewendet werden:

Das gesuchte Wort   –   wird durch ein anderes Wort mit sehr ähnlichem Sinn ersetzt.

Das gesuchte Wort   –   wird mit einem Satz/einer Wendung umschrieben.

Das gesuchte Wort   –   wird in der Muttersprache gesagt und dann sofort erklärt oder definiert.

Dieses Vorgehen ist zwar manchmal etwas umständlich, macht es aber oft möglich, das Gespräch ohne spürbare Beeinträchtigung fortzusetzen.

So könnte man Umschreibungen vornehmen:

Was man ausdrücken möchte	fehlendes Wort	Wie man es umschreiben könnte
Rita hat viele Freunde.	Freunde	Rita kennt viele Leute, die sie mag und die sie mögen.
Der Kirschbaum wird bald blühen	blühen	Der Kirschbaum wird bald voller Blüten sein.
Er kaufte einen neuen Außenborder.	Außenborder	Er kaufte einen neuen Motor, den man außen am Boot anbringt.

Nun sind Sie an der Reihe.
Wie würden Sie das fehlende Wort umschreiben?

Was Sie ausdrücken möchten	fehlendes Wort	Ihre Umschreibung
Die Kursteilnehmer schwätzen viel miteinander.	schwätzen	
Sie ist ein sehr attraktives Mädchen.	attraktiv	
Er versprach, früh zu Bett zu gehen	versprach	
Taschengeld ist oft ein Problem.	Taschengeld	

Tips für die Praxis im Kurs

✗ Einführend beschreibt die Kursleiterin bzw. der Kursleiter das Auftreten von kommunikativen Lücken in einem Gespräch. Die TeilnehmerInnen sammeln ihre Ideen, wie sie eine solche Situation zu meistern versuchen.

✗ Die Kursleiterin bzw. der Kursleiter erläutert die Umschreibungsstrategie an Beispielen (evtl. aus dem Arbeitsblatt).

✗ Die KursteilnehmerInnen bearbeiten die abschließende Aufgabe zunächst einzeln. Danach vergleichen sie in Kleingruppen ihre verschiedenen Lösungen.

Gespräche beginnen

Selbst wenn man sich in der deutschen Sprache nicht sicher fühlt, sollte man auch mit geringen Sprachkenntnissen möglichst oft Gesprächsmöglichkeiten erkennen und nutzen. Dazu muß man zweierlei tun:

- die innere Scheu überwinden – es ist nämlich nicht schlimm, Fehler zu machen;
- aktiv auf andere zugehen.

1. Wie heißen Sie? – Wie heißt du?

> Guten Abend! Ich heiße Elfriede Koch.

> Mein Name ist Hannelore Herzog.

> Hallo, ich bin die Lea. Wie heißt du?

> Ich heiße Christian.

Mein Name ist...
Wie heißen Sie?

| Hallo, ich bin | die Lea/.. |
| | der Paul/. |

| Und | wie heißt | du? |
| | wer bist | |

Diese Situation kennen Sie schon. Damit nach diesen Begrüßungen auch ein Gespräch zustande kommt, sollten Sie überlegen, was Sie als nächstes sagen könnten.

Welches unverbindliche Thema könnten diese vier Personen wohl ansprechen? Was würden Sie selbst sagen?

Elfriede Koch	:	...
Hannelore Ritter	:	...
Lea	:	...
Christian	:	...
Sie	:	...

Es gibt eine Reihe von Themen, die man in den verschiedenen Ländern Westeuropas ansprechen kann und die mit großer Wahrscheinlichkeit auch Interesse und Aufmerksamkeit finden. Dazu gehören: das Wetter
eigene Hobbys
der Urlaub
die aktuelle Situation der Gesprächspartner

2. Lesen Sie bitte die folgenden Personenbeschreibungen, und wählen Sie eine dieser Personen aus. Sie stellen sich vor, und mit Ihrem Vorwissen über sie beginnen Sie ein Gespräch.

Ewald Hoppe
Polen
Rostock
60 Jahre
Elektrotechniker
verheiratet mit Irena Hoppe
Zwei Kinder: 24 und 20

Monika Sager, Manfred Bode,
Paul Winterberg
Berlin, Flemingstraße 25
Monika, 23, Studentin (Medizin), ledig
Manfred, 27, Lehrer (Englisch), ledig
Paul, 26, Fotograf; geschieden

Klaus Henkel
Wien
40, ledig
Programmierer bei Müller & Co.
Hobby: Tennis spielen

Stellen Sie sich vor: …

Fragen/Sagen Sie etwas
zur aktuellen Situation: …

Damit die angesprochene Person möglichst eine positive Antwort geben kann und somit das Gespräch harmonisch verläuft, sollten Sie Ihre Frage so gestalten, daß der Gesprächspartner zustimmend reagieren kann.

Versuchen Sie das bitte mit den übrigen Personen.

Sie stellen sich vor: …

Sie eröffnen das Gespräch
mit einer positiven
Aussage/Frage: …

Was könnte Herr/Frau …
nun wohl antworten? …

Hier sind einige nützliche Wendungen:

Ist das wahr?	*Sie sind …*	*Ich bin (auch) …*
	Sie wohnen …	*wohne (auch) …*
	Sie machen …	*mache (auch) …*
Wirklich?!		
Wie interessant!		
Das muß ja	*schön*	*sein!*
	interessant	
	anstrengend	

Tips für die Praxis im Kurs

✗ Der Kursleiter bzw. die Kursleiterin betont die Notwendigkeit, immer wieder Gesprächsmöglichkeiten zu suchen und aufzugreifen, und ermuntert die KursteilnehmerInnen, auch von sich aus Gespräche zu beginnen, selbst wenn die Sprachkenntnisse noch gering sind. Dieses Arbeitsblatt kann auch in Zusammenhang gebracht werden mit dem Arbeitsblatt Nr. 14 „Vielfalt der Lernorte".

✗ Die KursteilnehmerInnen lösen die Aufgabe 1. Gemeinsam wird nach weiteren möglichen Themen zum „small talk" gesucht.

✗ Die KursteilnehmerInnen erarbeiten im zweiten Schritt Möglichkeiten, sich selbst vorzustellen und ein Gespräch einzuleiten. Die verschiedenen Lösungen werden dann im Plenum oder in Kleingruppen besprochen.

67 Gespräche beenden

Wenn man ein Gespräch höflich beenden möchte, reicht ein kurzes „Auf Wiedersehen" nicht aus. Es ist notwendig, zuvor sprachliche und außersprachliche Signale zu geben, die zeigen, daß man zum Ende kommen möchte.

Außersprachliche Signale:
- Zusammenräumen und Einpacken von persönlichen Dingen
- Wiederholter Blick auf die Uhr
- Veränderung der Körperhaltung: Bereitschaft zum Aufstehen
- ...

Sprachliche Signale:
- Ich fürchte, ich muß (gehen).
- Oh, es ist schon spät!
- Ich muß nun leider schon gehen.
- Das Gespräch war sehr interessant.
- ...

1. Können Sie die beiden Listen aus eigener Erfahrung ergänzen?

2. Wie würden Sie in den folgenden Situationen das Ende des Gesprächs vorbereiten?

a) Sie sitzen mit Freunden im Café/Restaurant. Es ist schon spät, und Sie möchten für den nächsten Tag noch etwas vorbereiten. ...

b) Sie sitzen mit Freunden an einem Sommertag draußen (im Schwimmbad, im Café, im Park, ...). Sie haben schon einen leichten Sonnenbrand und möchten sich zurückziehen. ...

c) Sie sitzen mit Freunden vor dem Fernseher. Das Programm ist langweilig, und Sie sind müde.
...

d) Sie sind als Gast bei einer deutschen Familie eingeladen. Es ist spät, und Sie haben das Gefühl, daß Sie gehen sollten.
...

e) Sie sind in einer Buchhandlung. Der Verkäufer hört nicht auf, über die letzten Neuerscheinungen zu reden. Sie fürchten den Bus zu verpassen und wollen gehen.
...

Tips für die Praxis im Kurs

✗ Der Einstieg in das Thema kann entweder mit einer geeigneten Videoaufzeichnung geschehen oder auch durch das unvermittelte Verlassen des Unterrichtsraumes durch den Kursleiter bzw. die Kursleiterin. Diesem darf kein Signal vorangehen, das seine/ihre Handlung ankündigt.
Nach einiger Zeit kommt der Kursleiter bzw. die Kursleiterin wieder zurück und befragt die TeilnehmerInnen nach ihren Reaktionen, Vermutungen und Einschätzungen dieser erlebten Situation. Dabei können bereits sprachliche und außersprachliche Signale als fehlend benannt werden. Andernfalls lesen die TeilnehmerInnen die Einführung auf dem Arbeitsblatt.

✗ Die KursteilnehmerInnen bearbeiten anschließend die Aufgabe 2 in Einzelarbeit und schriftlich. Die Ergebnisse werden dann in Kleingruppen ausgetauscht und besprochen. Die jeweilige Gruppe einigt sich auf eine gemeinsame Lösung. Diese wird danach im Plenum vorgestellt.

Stichwortverzeichnis

(Die angegebenen Ziffern beziehen sich auf die Nummer des Arbeitsblattes; die Ziffern **in Fettdruck** auf die Seiten des einleitenden Kapitels)

Quellenverzeichnis

Seite 49/144:	Aus: Wolfgang Hieber, Lernziel Deutsch, Grundstufe 1, © Max Hueber Verlag
Seite 58:	Mit Genehmigung entnommen aus: Langenscheidts Handwörterbuch Spanisch, Teil 1, © 1987
Seite 59:	Langenscheidts Taschenwörterbuch Spanisch-Deutsch, Teil 1, S.731, © 1980 Langenscheidts Taschenwörterbuch Deutsch-Französisch, Teil 2, S. 954, © 1959
Seite 60/61:	Langenscheidts Taschenwörterbuch Russisch-Deutsch, Teil 2, S. 329/224f, © 1964
Seite 62:	Langenscheidts Taschenwörterbuch Spanisch-Deutsch, Teil 1, S. 711, © 1980 Langenscheidt-Verlag Berlin und München
Seite 65 (oben)/66:	Aus: Schulz/Griesbach, Deutsche Sprachlehre für Ausländer, Max Hueber Verlag
Seite 65/68/73:	Aus: Bernd Latour, Mittelstufen-Grammatik für DaF, Max Hueber Verlag
Seite 68 (oben):	Aus: U. Rampillon, Lerntechniken im Fremdsprachenunterricht, Max Hueber Verlag
Seite 73 (links):	Lorenz Nieder: Lernergrammatik für DaF, Max Hueber Verlag
Seite 77:	Aus: Rudolf Otto Wiemer, bundesdeutsch, Peter Hane Verlag, Wuppertal
Seite 79:	Mit freundlicher Genehmigung der Gebr. Heinemann, Frankfurt Airport Center
Seite 85/140:	© dpa Hamburg
Seite 100/102/103/ 141/166-168:	Aus: Themen neu 1, Max Hueber Verlag
Seite 107:	Mit freundlicher Genehmigung der Quelle Schickedanz AG, Fürth